Operations Research

Herausgegeben von H. J. Zimmermann

Simultane Lagerdisposition und Fertigungsablaufplanung bei mehrstufiger Mehrproduktfertigung

von

Eckhard Müller

Mit 55 Abbildungen

W DE G

Walter de Gruyter · Berlin · New York 1972

Satz: IBM-Composer, Walter de Gruyter & Co. – Druck: Saladruck, Berlin 36
Printed in Germany

ISBN 3 11 003926 5

Library of Congress Catalog Card Number 72-76036

Geleitwort

Die grundlegenden Abhängigkeiten zwischen der Disposition und der Ablaufplanung in Fertigungsbetrieben stellen ein Problem von großer Bedeutung dar und zwingen in immer stärkerem Maße zum Einsatz von integrierten Planungssystemen. Diese Aufgabe ist deshalb besonders schwierig, weil die theoretische Losgrößen- und Reihenfolgeforschung bisher nicht in der Lage war, für die integrierte Problemstellung bei praxisnaher Größenordnung praktikable Lösungsverfahren zu entwickeln.

Der Autor des vorliegenden Buches geht von den vorhandenen Lösungsansätzen für die Teilprobleme aus und entwickelt das theoretische Instrumentarium weiter, um dem Ziel der interdependenten Planung näherzukommen. Er schlägt vor, das Dispositionsproblem analytisch auf der Grundlage von Kostenbetrachtungen zu lösen und das Reihenfolgeproblem des Fertigungsablaufs auf die Bestimmung geeigneter Prioritätsregeln zurückzuführen.

Es wird von umfangreichen empirischen Voruntersuchungen ausgegangen, die mit Hilfe eines Simulationsmodells durchgeführt wurden und zu einer quantitativen Aussage über die Interdependenzen zwischen der Disposition und dem Fertigungsablauf geführt haben. Daraus wird eine neuartige Lösungskonzeption entwickelt, indem die Variablen der Disposition (Losgrößen, Sicherheitsbestände) durch einen iterativen Rechenprozeß unter Einbeziehung der Simulation des Fertigungsablaufs bestimmt werden.

Die Simulationsergebnisse, die anhand von Durchlaufzeitverteilungen und Kostenstrukturdiagrammen dargestellt werden, zeigen deutlich, daß die Lagerhaltungspolitik von den Fertigungsbedingungen (Prioritätsregel, Kapazitätsausnutzung) stark beeinflußt wird. Durch die Einbeziehung der Durchlaufzeiten in das Dispositionsmodell können Lagerhaltungspolitiken bestimmt werden, die für die jeweils verwendete Prioritätsregel zumindest näherungsweise optimal sind.

Es wäre zu wünschen, daß sowohl Praktiker als auch Wissenschaftler die hier vorgelegten Ergebnisse nutzen und weiterführen werden!

Aachen, im Januar 1972

H. J. Zimmermann

Inhaltsverzeichnis

Einleitung

Die vorliegende Untersuchung befaßt sich mit dem Problem der Prozeßplanung bei mehrstufiger Mehrproduktfertigung. Dieser Problemkomplex wird von *Gutenberg* als dritte Phase der Produktionsplanung neben der Produktionsprogramm- und der Bereitstellungsplanung angesehen [27, S. 148]. Abweichende Begriffsdefinitionen zur Produktionsplanung sollen hier nicht eingehender diskutiert werden. Erwähnt sei lediglich, daß z. B. von *Ellinger* die Produktplanung in die Produktionsplanung einbezogen wird [21, S. 9] und daß in neuerer Zeit von *Opitz* als wesentliche Bestandteile eines Produktionsplanungssystems die Termin-, Mengen-, Qualitäts- und Kostenplanung [61, S. 494] genannt werden.

Die Prozeßplanung als Planung der zeitlichen Produktionsdurchführung umfaßt die Fragestellungen der Auftrags- bzw. Losgrößenplanung und der Ablaufplanung. Während bei der Produktionsprogramm- und Bereitstellungsplanung statische Elemente vorherrschen, hat die Prozeßplanung dynamischen Charakter. Dadurch gestaltet sich diese Planungsaufgabe besonders schwierig. Während für die Programm- und Bereitstellungsplanung zahlreiche Modelle bekannt geworden sind, ist das Problem der Prozeßplanung für den mehrstufigen Fall noch als ungelöst anzusehen. Die bisherigen Modellansätze führen entweder nur unter stark einschränkenden Voraussetzungen zu einer Lösung oder können das Problem lediglich beschreiben, ohne einer Lösung zugänglich zu sein. Das Ziel dieser Untersuchung ist daher, Modellansätze zu entwickeln, bei denen unter Einbeziehung heuristischer Planungselemente suboptimale Lösungen bei geringem Rechenaufwand erhalten werden. Die Lösungsidee besteht darin, ein analytisches Verfahren der Disposition mit einem Simulationsmodell des Fertigungsablaufs durch einen iterativen Prozeß zu verbinden.

Die Teilaufgaben der Prozeßplanung hängen ganz wesentlich von der Struktur des jeweils betrachteten Fertigungsbetriebes ab. Diese Struktur wird bestimmt durch die Anordnung der Betriebsmittel, den innerbetrieblichen Materialfluß und die zeitliche Abstimmung der Arbeitsvorgänge [50, S. 102ff.]. Der vorliegenden Untersuchung wird die Organisationsform der Werkstattfertigung zugrunde gelegt, und es wird von Serienerzeugnissen ausgegangen, so daß das Problem der Prozeßplanung den höchsten Schwierigkeitsgrad erreicht.

Die Untersuchung ist in fünf Kapitel gegliedert. Im ersten Kapitel werden die Teilprobleme der Lagerdisposition und der Fertigungsablaufplanung definiert und zur Problemstellung der Prozeßplanung integriert. Ferner wird eine Reihe von Abgrenzungen durchgeführt, um die wesentlichen Strukturelemente des Problems hervorzuheben. Im zweiten Kapitel werden die aus der Literatur bekannten Modellansätze und Lösungsverfahren dargestellt und die Grenzen ihrer Anwendbarkeit aufgezeigt. Danach werden im dritten Kapitel verschiedene deterministische und stochastische Modellansätze der Disposition entwickelt und die Grundzüge des Simulationsmodells anhand des Prämissensystems erläutert. Diese modelltheoretische Abhandlung stellt den einen Schwerpunkt der Arbeit dar. Der zweite Schwerpunkt liegt in der Durchführung und Auswertung umfangreicher empirischer Untersuchungen mit dem Fertigungsmodell, über die in Kapitel fünf berichtet wird. Vorher wird im vierten Kapitel noch die für den Prozeßablauf wichtige Datenstruktur der Simulationen definiert.

1. Problemstellung und Abgrenzung

1.1 Das Teilproblem der Lagerdisposition

„In abstrakter Form kann man jedes Lager als einen Puffer auffassen, der zwischen gewisse Input- und Output-Ströme von Gütern geschaltet ist" [34, S. 1], vgl. Abb. 1.1:

Abb. 1.1

Unterschiede in der zeitlichen und quantitativen Struktur der Input- und Output-Ströme kommen im Verlauf des Lagerbestandes über der Zeit zum Ausdruck [s. auch 31, S. 6].

Im Mehrproduktfall ist für jede Produktart ein Input- und ein Outputstrom vorhanden, mehrstufige Probleme sind durch die Anordnung mehrerer Läger zu beschreiben. Mehrlagersysteme in Verbindung mit Fertigungsprozessen haben allerdings eine wesentlich andere Struktur als die Mehrlagersysteme der Distribution. Die letztere Art ist unter dem Begriff der „Multi-echelon-"Systeme bekannt geworden [vgl. u. a. 29, S. 4ff.; 35, S. 507ff.].

Der Outputstrom einer Produktart kennzeichnet den Prozeß der Bedarfserfüllung. In der Lagerhaltungstheorie wird üblicherweise angenommen, daß der Bedarf, d. h. die Nachfrage von außerhalb des Lagerhaltungssystems, nicht beeinflußt werden kann [34, S. 3]. Dagegen wird der Inputstrom, d. h. der Strom der Lagerzugänge eines Produktes durch Entscheidungen über Bestellmengen und Bestellzeitpunkte bestimmt.

Mit dem Vorgang der Lagerhaltung sind Kosten verbunden, die in einer Kostenfunktion zusammengefaßt werden können. Es besteht dann die Aufgabe, die beeinflußbaren Größen der Lagerhaltung so zu bestimmen, daß die Kostenfunktion ihr Minimum erreicht. Lagerhaltungsmodelle sind demnach als Entscheidungsmodelle anzusehen, wobei der Lagerbestand als Zustandsvariable und der Bestellzeitpunkt bzw. die Bestellmenge als Entscheidungsvariable auftreten [34, S. 2; 58, S. 8; 62, S. 14f.].

Der Erneuerungsprozeß kann durch Eigenfertigung oder durch Fremdbezug realisiert werden. Die Struktur des Dispositionsproblems ist in beiden Fällen ähnlich, so daß die Begriffe Bestellzeitpunkt, Auflegungs- und Einsteuerungszeitpunkt bzw. Bestellmenge und Fertigungslosgröße als Synonyme anzusehen sind. Die Betrachtung ist hier auf die Verhältnisse bei Eigenfertigung zu beschränken.

In dem einfachsten Dispositionsmodell wird vorausgesetzt, daß im Augenblick der Abgabe einer Bestellung die gesamte Produktmenge zur Bedarfserfüllung verfügbar ist. Bei Eigenfertigung entspricht dies der Annahme einer unendlichen Produktionsgeschwindigkeit. Die Anzahl der Fertigungsstufen ist dabei ohne Einfluß auf die Disposition.

Bei endlicher Produktionsgeschwindigkeit sind zwei Möglichkeiten des Fertigungsablaufs zu unterscheiden. Werden die Fertigungslose als geschlossene Einheiten hergestellt und bei mehrstufiger Fertigung zwischen den Stufen transportiert, so kann die Bedarfserfüllung erst dann beginnen, wenn die Herstellung aller zu einem Los zusammengefaßten Produkteinheiten abgeschlossen ist. Dieser Fall wird in der Lagerhaltungsliteratur als „abgeschlossene Erstellungsweise" [19, S. 9ff.] oder als „zeitpunktgeballter Produktausstoß" [68, S. 40ff.] bezeichnet. Dabei ist neben dem Endlager der Fertigfabrikate vor und hinter jeder Stufe ein Zwischenlager vorhanden. Sofern die Produkteinheiten eines Loses unmittelbar nach ihrer Fertigstellung der nächstfolgenden Stufe bzw. dem Endlager zugewiesen werden, ist von „offener Erstellungsweise" [19, S. 9ff.] oder dem „kontinuierlichen Produktausstoß" [68, S. 40ff.] zu sprechen. Auch hier bilden sich Zwischenläger, wenn die Produktionsgeschwindigkeit in den Stufen unterschiedlich ist[1]. Die in den Modellen üblichen Annahmen über die Produktionsgeschwindigkeit und das Ausstoßverhalten der Anlagen sind in dem folgenden Übersichtsschema darzustellen:

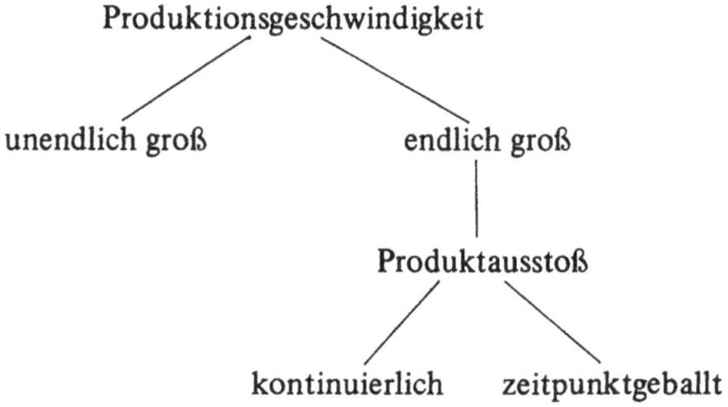

Im Rahmen dieser Untersuchung wird angenommen, daß die Fertigungslose geschlossene Einheiten bilden, bzw. der Produktausstoß zeitpunktgeballt erfolgt. Diese Annahme ist in Betrieben der Werkstattfertigung üblich [37, S. 91].

[1] Vgl. dazu [54, S. 61; 1, S. 98ff.].

1.2 Das Teilproblem der Fertigungsablaufplanung

Die Problemstellung der Fertigungsablaufplanung beinhaltet die Frage nach der räumlichen und zeitlichen Produktionsaufteilung. Wird die Ablaufplanung aus dem Problemkomplex der Produktionsplanung herausgelöst und isoliert behandelt, so ist bei lagerorientierter Fertigung davon auszugehen, daß

- das Produktionsprogramm qualitativ und quantitativ festgelegt ist,
- die Produktionsfaktoren bereitgestellt sind und
- das Produktionsprogramm in Fertigungslose aufgeteilt ist.

In der Fertigungsablaufplanung sind dann drei Teilaufgaben zu lösen:

1. Festlegung der Kapazitätseinheiten[2] zur Durchführung der technologischen Operationen (Bestimmung der Maschinenfolgen, routing problem).
2. Aufspaltung der Fertigungslose, wenn die Bearbeitung auf mehr als einer Anlage möglich ist (Splitting).
3. Bestimmung der Reihenfolge der Losbearbeitung in den Fertigungsstufen (Auftragsfolgen, scheduling problem[3]).

In der modelltheoretischen Analyse des Ablaufplanungsproblems wird die Aufspaltung der Lose i. a. als unzulässig angenommen. Ferner wird normalerweise die Zuordnung der Operationen zu den Kapazitätseinheiten vorgegeben, so daß sich die Fragestellung der Ablaufplanung auf die Bestimmung der Auftragsfolgen reduziert. Ohne diese Einschränkung sind zwei weitere Problemstellungen zu kennzeichnen, bei denen entweder die Auftragsfolgen oder Teile der Maschinen- bzw. der Auftragsfolgen vorgegeben werden und die jeweils komplementären Größen gesucht sind. *Giffler-Thompson* unterscheiden in diesem Sinne die Problemstellungen des „open scheduling", des „dual-open scheduling" und des „mixed scheduling" [25, S. 492]. *Hoss* spricht von der „primalen", „dualen" und „gemischten Formulierung des Zuordnungsproblems" [37, S. 55 ff.]. In der vorliegenden Arbeit wird die Problemstellung bei vorgegebenen Maschinenfolgen behandelt.

Das Reihenfolgeproblem der Fertigungsablaufplanung hat seine Ursache in den beschränkten Kapazitäten. Der Begriff „Kapazität" bezeichnet hierbei das Leistungsvermögen eines Betriebsmittels. Die fertigungstechnische Leistung der Betriebsmittel wird als Datum angesehen (determinierte Operationszeiten), so daß das Leistungsvermögen eines Betriebsmittels allein durch seine Verfügbarkeitsdauer bestimmt wird. Störungsbedingte Ausfälle der Kapazitätseinheiten

[2] Der Begriff „Kapazitätseinheit" wird i. S. von Funktionseinheit zur Leistungserstellung (Betriebsmittel) verwendet.

[3] In synonymer Bedeutung wird auch der Begriff des „sequencing" verwendet, vgl. [15, S. 3].

werden aus den Betrachtungen ausgeschlossen. Die kapazitiven Beschränkungen sind damit durch die Anzahl der vorhandenen Kapazitätseinheiten und ihre Verfügbarkeitszeiten im Planungszeitraum definiert. Wenn zu bestimmten Zeitpunkten mehrere Fertigungslose um die Zuweisung einer Kapazitätseinheit konkurrieren, so ist der Kapazitätsbedarf durch die zeitliche Verschiebung der Losbearbeitung auszugleichen. Diese Aufgabe wird als Problem des „Kapazitätsabgleichs" bezeichnet [s. u. a. 9, S. 106ff.; 69, S. 92ff.].

Die Komplexität des Ablaufplanungsproblems zeigt sich darin, daß bei der Fertigung von n Losen auf m Kapazitätseinheiten $(n!)^m$ Lösungen kombinatorisch möglich sind. Eine Lösung ist anhand verschiedener Größen (measures of performance) zu beurteilen. Die wichtigsten, mit einer Lösung verbundenen Zeitgrößen sind [15, S. 11ff.]:

1. Die Durchlaufzeiten der Fertigungslose (flow time), d. h. die Zeitintervalle von der Einsteuerung der Lose in die Fertigung bis zu ihrer Verfügbarkeit im Endlager,
2. die Wartezeiten der Lose in den Stufen,
3. die Ankunftszeitpunkte der Lose im Endlager und
4. die Maschinenleerzeiten (idle time).

Daneben sind folgende Größen der Kapazitätsbelastung von Bedeutung:

5. Die Anzahl der in der Fertigung vorhandenen Lose,
6. der Arbeitsinhalt der Stufen bzw. der gesamten Fertigung (work content, work-in-process inventory),
7. die Auslastung einer Stufe bzw. der gesamten Fertigung.

Zwischen den Zeitgrößen und den Größen der Kapazitätsbelastung bestehen enge Beziehungen, insbesondere ist unter bestimmten Bedingungen die mittlere Durchlaufzeit der mittleren Anzahl im Betrieb vorhandener Fertigungsaufträge proportional [15, S. 15ff.; 43].

In den bisherigen Untersuchungen zur Ablaufplanung wurde überwiegend eine Zielsetzung der Zeitenminimierung verfolgt [37, S. 36ff.; 15, S. 11ff.; 40, S. 142ff.]. Dabei ist leicht einzusehen, daß die Minimierung der Durchlaufzeiten und die Minimierung der Maschinenleerzeiten gegensätzliche Optimierungsziele darstellen [27, S. 213f.; 37, S. 19ff.].

Gutenberg hat dafür den Begriff „Dilemma der Arbeitsablaufplanung" geprägt [27, S. 214][4]. Dieses Dilemma besteht allerdings nur dann, wenn die Ausbringungsmenge bei gegebener Länge des Planungszeitraums bzw. die Gesamtzeit der Kapazitätsbelegung bei gegebener Ausbringungsmenge als variabel angesehen wird. Dagegen ist die Summe der Maschinenleerzeiten bei festem Planungshori-

[4] *Hoss* gibt eine mathematische Formulierung des Ablaufplanungsproblems auf der Grundlage der Warteschlangentheorie an [37, S. 144ff.].

zont nicht zu beeinflussen, wenn das vorgegebene und in Fertigungslose aufgeteilte Produktionsprogramm im gegebenen Planungszeitraum realisiert wird[5]. Das Problem der Leerzeitenminimierung tritt nur im Zusammenhang mit der Absatz- bzw. Produktionsprogrammplanung auf. Von *Müller-Merbach* wird die Existenz des Ablaufplanungsdilemmas auch für die Auftragsfertigung bestritten, sofern der Auftragsbestand bzw. der Planungszeitraum hinreichend groß ist [55, S. 176f.].

Die verschiedenen Zielsetzungen der Zeitenminimierung können in einer Zielfunktion der Kostenminimierung integriert werden, wenn die Gewinnmaximierung als Unternehmensziel angestrebt wird und die Erlöse bei vorgegebener Ausbringungsmenge konstant sind. In der Kostenfunktion sind die durch die Ablaufplanung zu beeinflussenden Kostenelemente zu erfassen. Im wesentlichen treten Lagerkosten der Zwischen- und Enderzeugnisse sowie Verspätungskosten auf, die in Abschnitt 3.3.2.3 noch genauer spezifiziert werden. Der Umfang der Rüstkosten ist bei vorgegebenen Losgrößen nur dann durch die Ablaufplanung zu beeinflussen, wenn die Rüstzeiten reihenfolgeabhängig sind. Dieser Fall wird aus den Betrachtungen ausgeschlossen.

1.3 Problemstellung bei integrierter Lagerdisposition und Fertigungsablaufplanung

Die integrierte Problemstellung ist folgendermaßen zu definieren:

Gegeben sei ein Produktionsprogramm mit bekannten Produktarten und -mengen. Der fertigungstechnische Ablauf (Maschinenfolgen, Rüst- und Ausführungszeiten) sei für alle Produktarten bekannt. Gesucht seien die Losgrößen und Auflegungszeitpunkte sowie die Auftragsfolgen der Kapazitätseinheiten, so daß die mit der Fertigung verbundenen Kosten minimiert werden.

Die Interdependenzen zwischen der Disposition und der Ablaufplanung sind in einfacher Weise zu veranschaulichen. Einerseits wird durch die Losgrößenplanung die zeitliche und quantitative Struktur des Kapazitätsbedarfs bestimmt, wodurch die Ablaufplanung entscheidend beeinflußt wird. Andererseits sind die Durchlaufzeiten und damit auch die Zwischenlagerkosten als Bestimmungsgrößen der Disposition von der Ablaufplanung abhängig. Aufgrund dieser Wechselwirkungen zwischen der Lagerdisposition und der Fertigungsablaufplanung ist die simultane Behandlung der beiden Teilprobleme zu fordern.

[5] Der Einfluß reihenfolgeabhängiger Rüstzeiten wird dabei vernachlässigt, siehe auch [1, S. 133ff.].

2. Die Problematik und Darstellung bekannter Modellansätze

Die komplexe Problemstellung der Prozeßplanung bei mehrstufiger Serienfertigung wurde bisher nur in wenigen Modellansätzen behandelt, die jedoch nur unter stark einschränkenden Voraussetzungen zu einer Lösung führen oder lediglich als Erklärungsmodelle anzusehen sind. Neben diesen Modellansätzen sind aus methodischen Gründen auch die bekannten Modelle der einstufigen Losgrößen- und Reihenfolgeplanung sowie der isolierten Reihenfolgeplanung bei mehrstufiger Fertigung von Interesse. Dabei ist vor allem die Frage zu klären, inwieweit diese Modellansätze und Lösungsverfahren zur Behandlung des integrierten Problems bei Mehrstufigkeit in Betracht kommen. Unter dieser Fragestellung stehen die folgenden Abschnitte, wobei zunächst auf die analytischen Modelle und Lösungsverfahren eingegangen wird. Anschließend werden die bekannten Simulationsmodelle dargestellt.

2.1 Analytische Modelle

2.1.1 Simultanmodelle der einstufigen Fertigung

Bei diesen Modellen sind zwei Entwicklungsrichtungen zu unterscheiden. Einerseits wurde versucht, die auf *Andler* zurückgehende und inzwischen als „klassisch" bezeichnete Losgrößenformel für den Mehrproduktfall zu erweitern, wobei für alle Produktarten ein gemeinsamer Fertigungszyklus unterstellt wurde. Andererseits wurden Lösungsansätze auf der Grundlage der mathematischen Programmierung entwickelt, bei denen eine völlige Abkehr von der Losgrößenformel festzustellen ist.

Die beiden Entwicklungsrichtungen der Simultanmodelle für die einstufige Fertigung sollen im folgenden nur kurz charakterisiert werden. Eine ausführliche Darstellung einzelner Modelle findet sich u. a. bei *Dinkelbach* [18, S. 49ff.].

Bei den Zyklusmodellen wurde zunächst von *Magee* [45, S. 310ff.] und *Naddor* [57] ein „strenger" Fertigungszyklus vorgeschlagen, in dem jedes Produkt genau einmal aufgelegt wird (strict cycle). Durch diese Prämisse wird erreicht, daß jede der $n!$ möglichen Produktfolgen (bei n Produkten) ein zulässiges, d. h. durchführbares Losprogramm darstellt. Ein Reihenfolgeproblem existiert nur dann, wenn die Rüstkosten von der Reihenfolge der Losbearbeitung abhängig sind. Der Nachteil eines für alle Produkte gleichen Fertigungszyklus besteht darin, daß sich je nach Datenstruktur die Losgrößen einzelner Produkte erheblich von den bei isolierter Losdimensionierung berechneten Werten unterscheiden können. Daher wurden u. a. von *Eilon* [20, S. 367ff.], *Madigan* [44], *Müller-Merbach* [53, S. 34ff.] und *Rogers* [63] Zyklusmodelle mit unterschiedlichen Auflegungshäufigkeiten der Produkte entwickelt. Erwähnt sei ferner der Modellansatz von *Bomberger* [7], bei dem mit Hilfe der dynamischen Programmierung die Zykluslängen der Produktarten als ganzzahlige Vielfache einer Grundzykluslänge bestimmt werden. Das Besondere des Ansatzes von *Bomberger* liegt darin, daß die Losgrößenformel bzw. eine ihrer Erweiterungsformen für die Losdimensionierung ohne jede Bedeutung ist. Dies trifft auch für das Modell von *Maxwell* [49] zu. *Maxwell* setzt ebenfalls eine zyklische Fertigung voraus. Weiterhin gibt er die Produktfolge im Fertigungszyklus vor. Er nimmt die Rüstkosten als reihenfolgeabhängig an und läßt Fehlmengen nicht zu, so daß in der Kostenfunktion nur Rüst- und Lagerkosten auftreten. *Maxwell* formuliert das Problem als quadratisches Programm mit linearem Restriktionssystem und nichtkonvexer Zielfunktion [49, S. 98f.]. Es zeigt sich, daß auch unter verhältnismäßig stark einschränkenden Voraussetzungen (zyklische Fertigung, vorgegebene Produktfolge) die mathematische Formulierung des Problems zu einem Modell führt, das nicht ohne weiteres numerisch lösbar ist.

Zyklusmodelle haben bei der mehrstufigen Fertigung nicht mehr den besonderen Vorteil, das Reihenfolgeproblem aufzuheben, wie dies bei einstufiger Fertigung und reihenfolgeunabhängigen Rüstkosten der Fall ist. Jedoch reduziert sich die Komplexität des Reihenfolgeproblems ganz wesentlich, da sich der Fertigungsablauf in jedem Zyklus identisch wiederholt, sofern ein realisierbares Losprogramm gefunden wird. Allerdings stellen die bei n Produktarten und einheitlicher Richtung des Werkstattdurchlaufs immerhin $n!$ möglichen Lösungen ein Problem dar, das für Aufgaben von praxisnaher Größenordnung nicht ohne weiteres analytisch zu lösen ist.

Ein Modellansatz der zyklischen Fertigung bei Mehrstufigkeit wird in Abschn. 3.3.5.2 dargestellt. Ähnliche Ansätze, in denen Fehlmengen jedoch nicht zugelassen sind, finden sich u. a. bei *Adam* [1, S. 104ff.] und in dem Modell von *Müller-Merbach*, vgl. Abschn. 2.1.4.

Die Zyklusbedingung wird in dem Modell von *Dinkelbach* aufgehoben [18, S. 58f.]. *Dinkelbach* untersucht das einstufige Problem für verschiedene Formen der deterministischen Nachfrage. Die Umstellung der Produktionsanlage ist nur zu diskreten Zeitpunkten möglich, die als Anfangszeitpunkte von Teilperioden des Planungszeitraums aufzufassen sind. Die Entscheidung über die periodenweise Herstellung der Produkte wird durch (0,1)-Variable w_{pn} angegeben:

„$w_{pn} = 1$: in der Teilperiode n ist Erzeugnis p herzustellen,
$w_{pn} = 0$: in der Teilperiode n ist nicht Erzeugnis p herzustellen“ [18, S. 59].

Die Alternative, in einer Teilperiode die Anlage stillzulegen, wird zugelassen. Die Losgrößen ergeben sich als Vielfache der Periodenleistung der Anlage.

In der Kostenfunktion treten reihenfolgeabhängige Rüstkosten und die Kosten der Lagerhaltung auf. Fehlmengen werden nicht zugelassen. *Dinkelbach* formuliert ein quadratisches Programmierungsmodell mit linearen Nebenbedingungen. Die Phase der Problemdefinition konnte bisher nicht überwunden werden, so daß das Modell von *Dinkelbach* zu den Erklärungsmodellen zu rechnen ist.

2.1.2 Reihenfolgemodelle der mehrstufigen Fertigung

Für die isolierte Reihenfolgeplanung bei mehrstufiger Fertigung sind exakte Lösungsverfahren der kombinatorischen Analyse entwickelt worden, die für Problemstellungen von begrenzter Größenordnung anwendbar sind[6]. Dabei werden jedoch bekannte Auftrags- bzw. Losgrößen vorausgesetzt, so daß die kombinatorischen Verfahren der Reihenfolgeplanung für ein mehrstufiges Simultanmodell nicht in Betracht kommen. Dieselbe Einschränkung gilt für die Reihenfolgemodelle der ganzzahligen linearen Programmierung[7], sofern der allgemeine Fall betrachtet wird, daß die Losdimensionierung über mehrere Stufen zu erfolgen hat. Würden dabei die Losgrößen als Variable in das Modell einbezogen werden, so würde man nichtlineare Reihenfolgerestriktionen erhalten. Wenn dagegen die Losbildung für alle Stufen unabhängig durchgeführt wird, so läßt sich, wie von *Adam* gezeigt wurde, auch für den mehrstufigen Fall ein linearer Ansatz finden. Die Grundzüge des Modells von *Adam* sollen im folgenden kurz dargestellt werden.

2.1.3 Das mehrstufige LP-Modell von Adam

Ein mehrstufiges Modell der dynamischen Produktionsplanung wurde von *Adam* entwickelt [1, S. 152ff.]. Das Prämissensystem wurde gegenüber anderen Modellansätzen erheblich erweitert [1, S. 155]. Neben der Fertigung für den anonymen Markt können Kundenaufträge mit höheren Prioritäten gefertigt werden. Jede Stufe des Produktionsprozesses stellt eine Dispositionsstufe dar, in der mehrere gleichartige Maschinen parallel angeordnet sind. Die Losdimensionierung erfolgt für alle Stufen getrennt.

In der linearen Zielfunktion werden variable Produktionskosten, reihenfolgeunabhängige Rüstkosten sowie Zwischen- und Endlagerkosten erfaßt. Das ebenfalls lineare Restriktionssystem ist aus Kapazitäts-, Lager- und Umrüstbedingun-

[6] Eine Darstellung der seit längerem bekannten kombinatorischen Verfahren findet sich u. a. in [37, S. 92ff.; 30; 15, S. 103ff.]. Bei den neueren Veröffentlichungen ist insbesondere auf die Arbeiten von *Balas* hinzuweisen [3; 4].

[7] Insbesondere [70; 8; 46].

gen zusammengesetzt. Die auftretenden Variablen haben bis zu vier Indizes und sind teilweise auf Werte 0 oder 1 beschränkt.

Das Modell ist numerisch nicht lösbar und hat daher „nur rein theoretische Bedeutung" [1, S. 165].

2.1.4 Das Modell der „flexiblen losgrößenoptimalen Produktions-Planung" von Müller-Merbach

Müller-Merbach schlägt auch für den mehrstufigen Fall ein Zyklusmodell vor, um das Losgrößen- und Reihenfolgeproblem getrennt behandeln zu können [54, S. 59ff.]. Die Aufgabe der Reihenfolgeplanung besteht darin, in einem durch die Losgrößenrechnung vorgegebenen Fertigungszyklus mit möglichst geringen Zusatzkosten eine zulässige Lösung zu bestimmen. Die wichtigsten Prämissen des Modells sollen kurz aufgeführt werden:

- Der Produktausstoß erfolgt in allen Stufen kontinuierlich.
- Rüstzeiten werden im Fertigungsablauf nicht berücksichtigt.
- Die Nachfrageraten werden als deterministisch angenommen.
- Die Planung erfolgt periodenweise, als Periode wird ein Tag definiert.
- Die Fertigungsstufen werden von allen Produkten in derselben Richtung durchlaufen. Einzelne Stufen können übersprungen werden, die Produkte dürfen sich jedoch nicht gegenseitig überholen („passing not allowed").
- Der Übergang zwischen den Stufen erfordert eine Periode.
- Die Fertigungsgeschwindigkeiten in den Stufen sind produktabhängig und können unterschiedlich sein. Die Fertigungsgeschwindigkeit einer Stufe ist als Absatzgeschwindigkeit für die vorgelagerte Stufe wirksam.

Müller-Merbach stellt eine Kostenfunktion auf, in der die proportionalen Herstellkosten, die Rüstkosten und Lagerzinsen im Zeitraum eines Jahres für alle Produkte in allen Stufen berechnet werden. Dabei wird ein strenger Fertigungszyklus unterstellt. Durch Differentiation der Kostenfunktion wird die optimale Zykluslänge bestimmt, und daraus werden die Losgrößen der Produkte und die Fertigungszeiten in den Stufen berechnet. Damit ist die Behandlung des Losgrößenproblems abgeschlossen.

Anschließend werden die „Durchlaufschemata" der Lose bestimmt, worunter Gantt-Diagramme der Durchlaufterminierung zu verstehen sind. Die Reihenfolgeplanung läuft danach in zwei Phasen ab. Zunächst wird eine optimale Produktfolge gesucht, bei der die aneinander geketteten Durchlaufschemata ein Zeitintervall von minimaler Länge ergeben. Es kommen bei n Produkten $n!$ Möglichkeiten in Betracht, so daß je nach Problemgröße die Anwendung eines exakten

Verfahrens oder eines Näherungsverfahrens vorgeschlagen wird. Die gefundene Lösung stellt einen Maschinenbelegungsplan dar, der als vorläufig bezeichnet wird, da er normalerweise ein undurchführbares Losprogramm enthält. Eine Lösung ist nur dann zulässig, wenn die Zykluslängen in allen Stufen die optimale Zykluslänge nicht übersteigen. Infolge der kapazitiven Beschränkungen ist jedoch damit zu rechnen, daß diese Bedingung in einzelnen Stufen verletzt ist.

Eine zulässige Lösung kann bei ausreichender Kapazität der Fertigungsstufen erzeugt werden, indem die Starttermine einzelner Arbeitsvorgänge verschoben werden. Diese Verschiebungen führen zu höheren Durchlaufzeiten der Produkte und sind daher mit zusätzlichen Zwischenlagerkosten verbunden. Die Erzeugung einer zulässigen Lösung ist als die zweite Phase der Reihenfolgeplanung anzusehen. Um die Zusatzkosten zu minimieren, wird ein Modell der linearen Programmierung formuliert.

Es ist hervorzuheben, daß die Bearbeitungsreihenfolgen mit dem vorläufigen Maschinenbelegungsplan endgültig festgelegt werden, da Permutationen in den Reihenfolgen der Auftragsbearbeitung nicht zugelassen werden. Hierdurch wird das System der Reihenfolgeplanung relativ starr. Es ist zu erwarten, daß insbesondere bei unterschiedlichen Richtungen des Werkstattdurchlaufs und hohen Auslastungsgraden der Fertigungsstufen eine größere Flexibilität des Planungssystems erforderlich ist, um zu einer zulässigen Lösung zu gelangen. Deshalb erscheint es zweifelhaft, ob sich die Struktur des Modells von *Müller-Merbach* auf das hier zu behandelnde komplexe Problem anwenden läßt.

Dafür sind noch zwei weitere Gründe anzuführen. In dem Modell bleiben Anfangsbestände unberücksichtigt, d. h. es wird unterstellt, daß die aus dem endgültigen Maschinenbelegungsplan retrograd zu berechnenden Anfangsbestände vorhanden sind oder sich ohne Veränderung der Kostenstruktur erzeugen lassen. Ferner ist die Beschränkung des Modells auf Probleme von relativ begrenzter Größenordnung zu erwähnen. *Müller-Merbach* weist darauf hin, daß bei mehr als ca. 30 bis 50 Produkten „eine Steuerung mit Prioritätsregeln vorzuziehen“ [54, S. 67] sei.

Abschließend sei darauf hingewiesen, daß in dem Modell von *Müller-Merbach* zwar analytische Verfahren eingesetzt werden, wegen der einschränkenden Modellbedingungen jedoch keine optimale Lösung des Losgrößen- und Reihenfolgeproblems zu erzielen ist. Einerseits resultiert aus der Annahme eines für alle Produkte gleichen Fertigungszyklus eine nicht abschätzbare Abweichung vom Gesamtkostenminimum. Andererseits sind die bei der Erzeugung einer zulässigen Lösung notwendigerweise auftretenden Verzögerungen des Fertigungsablaufs ohne Einfluß auf die Losgrößenrechnung.

2.2 Simulationsmodelle

2.2.1 Struktur und Zielsetzung bisheriger Simulationsuntersuchungen

Bei den Simulationsmodellen der Ablaufplanung sind zwei Entwicklungsrichtungen zu unterscheiden. Einerseits wurden Monte-Carlo-Methoden[8] eingesetzt, um bei kombinatorischen Verfahren mit begrenztem Rechenaufwand zu Näherungslösungen zu gelangen. Die Grundidee dieser Anwendung besteht darin, aus der Menge der zulässigen Lösungen eine Stichprobe durch Zufallsauswahl zu erzeugen. Die optimale Lösung in der Probe wird dabei als Näherungslösung des Problems angesehen. Lösungsansätze sind. u. a. von *Giffler-Thompson* und *Heller-Logemann* entwickelt worden [25, 26, 33]. Diese Forschungsrichtung ist für die hier zugrunde liegende Problemstellung von geringerem Interesse. Wichtiger sind die Simulationsmodelle, die für dynamische Fertigungsprozesse entwickelt wurden und eine Warteschlangenkonzeption zugrunde legen, vgl. Abschn. 2.2.2. Dabei wird der Fertigungsablauf, d. h. „das zeitliche Nacheinander der Bearbeitung" [55, S. 172] mit Hilfe einer Prioritätsregel gesteuert, indem diejenigen Fertigungsaufträge, die um die Zuweisung einer Kapazitätseinheit konkurrieren, in eine Reihenfolge mit abnehmender Dringlichkeit (Priorität) gebracht werden. Damit wird das Reihenfolgeproblem auf die Bestimmung einer günstigen Prioritätsregel zurückgeführt.

Die Wirkungsweise der Prioritätsregeln kann mit Hilfe von Simulationen empirisch festgestellt werden, und es ist eine Reihe von Simulationsmodellen entwikkelt worden, um die Eignung elementarer und kombinierter Prioritätsregeln für unterschiedliche Problemstrukturen zu testen[9]. Bevor in Abschn. 2.2.3 auf einzelne Modelle genauer eingegangen wird, soll zunächst noch in Abschn. 2.2.2 die Warteschlangenkonzeption der mehrstufigen Modelle ausführlicher dargestellt und ein Gliederungsschema für die Prioritätsregeln angegeben werden.

2.2.2 Die Warteschlangenkonzeption der dynamischen Fertigungsmodelle

Dynamische Fertigungsprozesse können als komplexe Wartesysteme aufgefaßt werden. Dabei werden die Fertigungsstufen (Maschinengruppen) zu einem Netzwerk von Warteschlangen und Bedienungsstationen angeordnet [15, S. 208 und S. 215ff.; 38; 37, S. 137ff.]. Jede Stufe bildet ein elementares Warteschlangensystem, bestehend aus einem oder mehreren parallelen Bedienungsstationen mit

[8] S. dazu u. a. [67].

[9] Aus der Fülle der bisher bekannten Simulationsuntersuchungen erscheinen für die zugrunde gelegte Problemstellung besonders wichtig: [2; 64; 14; 42; 23; 28; 36; 71; 6].

einer gemeinsamen Warteschlange. Die Struktur eines derartigen Systems wird durch folgende Größen definiert:

- Ankunftsprozeß der Fertigungsaufträge (Einsteuerung in den Betrieb)
- Abfertigungsprozeß in den Bedienungsstationen
- Übergang zwischen den Fertigungsstufen
- Warteschlangendisziplin bzw. Prioritätsregel

Für die Ablaufplanung sind der Ankunfts-, Abfertigungs- und Übergangsprozeß vorgegeben, so daß die Prioritätsregel den einzigen Freiheitsgrad darstellt. Die Prioritäten werden aus den Informationen berechnet, die zum Zeitpunkt des Auftretens von Warteschlangen verfügbar sind. Es können u. a. Auftragsdaten, Termine oder werkstattbezogene Größen für die Prioritätsrechnung maßgeblich sein. Nach Art und Umfang der verarbeiteten Informationen ist eine Vielzahl von Prioritätsregeln zu unterscheiden.

Eine Regel, bei der nur eine Einflußgröße berücksichtigt wird, soll als elementare Prioritätsregel bezeichnet werden. Eine kombinierte Prioritätsregel entsteht durch additive, multiplikative oder alternative Verknüpfung elementarer Regeln. Die elementaren Prioritätsregeln sind in produkt- und werkstattbezogene Regeln zu untergliedern. Bei einer produktbezogenen Regel kann die Einflußgröße ein vorgangsbezogener oder ein auftragsbezogener Wert sein, z. B. die Operationszeit oder die Verzögerung eines Vorgangs bzw. der Wert oder der Liefertermin eines Auftrags. Als Beispiel für eine werkstattbezogene Prioritätsregel sei eine Zustandsregel angeführt, bei der die Warteschlangen vor den Bearbeitungsstufen (Maschinen) für die Prioritäten bestimmend sind.

Die Zuordnung einer kombinierten Prioritätsregel zu einer der angegebenen Gruppen ist nicht möglich, wenn die elementaren Bestandteile der Regel verschiedenen Gruppen angehören. Eine weitere Untergliederung der kombinierten Regeln soll deshalb nicht erfolgen. Das Gliederungsschema der Prioritätsregeln ist in Abb. 2.1 dargestellt.

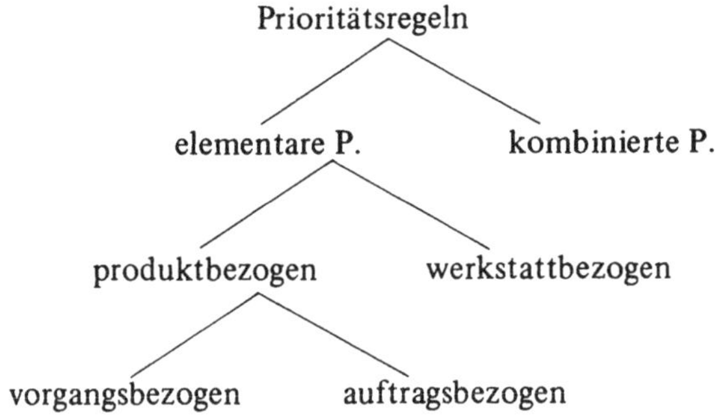

Abb. 2.1 Klassifikation der Prioritätsregeln

Wird die Problemstellung der Ablaufplanung durch Einbeziehung der Disposition erweitert, so werden der Ankunfts- und der Abfertigungsprozeß durch die Dispositionsvariablen beeinflußt. Wenn aber davon ausgegangen wird, daß für jede Produktart die Losgrößen im Planungszeitraum konstant sein sollen, ist es notwendig, vor dem Ablauf der Simulation die Daten der Fertigungsaufträge vollständig zu bestimmen. Die Beeinflussung des Ankunfts- und Abfertigungsprozesses durch Losgrößenmodifikationen ist in diesem Fall nur bei mehrfacher Simulationsdurchführung möglich.

2.2.3 Darstellung einzelner Modelle

Die bekannten Simulationsmodelle wurden überwiegend für Probleme der Einzelfertigung entwickelt, wobei das Dispositionsproblem nicht auftritt. Die Aussagen dieser Modelle sind dennoch im Hinblick auf die Konzeption des hier vorgeschlagenen Modells[10] von Interesse. Die Untersuchungen von *Conway*, *Gräßler*, *Hollier* und *Berr-Papendieck* sollen im folgenden etwas eingehender dargestellt werden.

2.2.3.1 Das Modell von Conway

Conway hat seinen Untersuchungen ein „pure job shop"-Problem mit individuellen Aufträgen zugrunde gelegt [14, S. 1]. Das Fertigungsmodell wird durch ein Netzwerk von Einkanal-Warteschlangensystemen gebildet. Normalerweise sind neun Fertigungsstufen vorhanden. Die Einsteuerung der Aufträge in die Fertigung und die Bearbeitung auf den Maschinen ist durch Poissonprozesse mit negativ exponentiell verteilten Zwischenankunfts- und Bedienungszeiten definiert. Die Kapazitätsbelastung ist in allen Stufen nahezu gleich. Sie beträgt normalerweise 90 Prozent der maximal zulässigen Belastung und kann durch lineare Verkleinerung aller Bedienungszeiten auf 80 Prozent gesenkt werden. Der Übergang zwischen den Bearbeitungsstationen erfolgt zufällig und ist durch Übergangswahrscheinlichkeiten festgelegt. Übergangszeiten werden vernachlässigt. Die Simulationen umfassen bei *Conway* jeweils 10000 Aufträge, deren Daten als Stichproben aus den theoretischen Verteilungen erzeugt werden.

Conway untersuchte insgesamt 92 elementare und kombinierte Prioritätsregeln, deren Einfluß auf die Kenngrößen[11] des Fertigungsablaufs sehr unterschiedlich war. Eine Regel, die sämtliche Kenngrößen in gleichem Maße günstig beeinflußt, wurde nicht gefunden. Deutliche Vorteile zeigten sich bei der KOZ-Regel, bei der die Mittelwerte der Durchlaufzeiten und der Verspätungen im Vergleich zu anderen Regeln sehr gering waren. Die Mittelwerte und Standardabweichungen der Anzahl im Betrieb vorhandener Aufträge sowie die Streuung der Durchlaufzeiten

[10] S. dazu Abschnitt 3.2.

[11] Vgl. S. 16.

waren ebenfalls vergleichsweise gering. Mit zunehmender Werkstattauslastung zeigte sich der Nachteil dieser Regel, daß Aufträge mit hohen Operationszeiten stark verzögert abgefertigt werden [14, S. 93]. Auch die Streuung der Verspätung war deshalb vergleichsweise hoch.

2.2.3.2 Das Modell von Gräßler

Das Simulationsmodell von *Gräßler* [28, S. 44ff.] umfaßt zehn Fertigungsstufen und ist ähnlich strukturiert wie das Modell von *Conway*. Es wird ebenfalls Einzelfertigung mit produktindividuellen Bearbeitungszeiten unterstellt. Durch Erweiterungen der Modellprämissen sollte eine bessere Übereinstimmung mit realen Fertigungsprozessen erreicht werden. Insbesondere sollte das Systemverhalten bei unterschiedlichen Annahmen über den Abfertigungsprozeß untersucht werden. Daher wurden neben Exponentialverteilungen auch logarithmische Normalverteilungen für die Bearbeitungszeiten angenommen. Darüberhinaus wurden Korrelationen zwischen den Bearbeitungszeitverteilungen verschiedener Fertigungsstufen untersucht. Ferner wurden verschiedene Formen des Werkstattdurchlaufs angenommen, und zwar das Werkstatt- und das Fließprinzip sowie eine Zwischenform, bei der der Fertigungsfluß im wesentlichen in derselben Richtung verläuft. *Gräßler* spricht in diesem Zusammenhang von „vorwiegenden Vorwärtstransporten" [28, S. 80].

Übergangszeiten wurden wie bei *Conway* vernachlässigt. Der Simulationsumfang betrug ebenfalls je 10 000 Aufträge. Durch Veränderung der mittleren Ankunftsrate wurde die mittlere Auslastung der Stufen zwischen 0,71 und 0,95 variiert. Am häufigsten wurde mit einer mittleren Auslastung von 0,8 für alle Stufen gerechnet.

Die Simulationsergebnisse von *Gräßler* stimmen im wesentlichen mit denen von *Conway* überein. Die günstige Wirkung der KOZ-Regel auf die mittlere Durchlaufzeit und die Auftragsbindung wurde bestätigt. Abweichungen ergaben sich in bezug auf die Streuung der Durchlaufzeiten, die beim Einsatz der KOZ-Regel auch bei niedriger Werkstattauslastung vergleichsweise hohe Werte annahm. Daraus ist auf die häufig festgestellte Eigenschaft der KOZ-Regel zu schließen, daß die Termintreue ungünstig beeinflußt wird [37, 162f.]. Dagegen wiesen Prioritätsregeln, bei denen Endtermine[12] berücksichtigt wurden, nur geringe Streuungen der Durchlaufzeiten auf. *Gräßler* schlägt deshalb eine kombinierte Prioritätsregel vor, bei der die Operationszeit eines Arbeitsvorgangs alternativ mit der Schlupfzeit[13] des Auftrags verknüpft wird.

[12] Der Endtermin eines Auftrags gibt den Zeitpunkt an, zu dem die Bearbeitung des Auftrags beendet sein soll bzw. beendet wird.

[13] Die Schlupfzeit bezeichnet die Zeitdifferenz zwischen dem Endtermin als Sollwert und dem frühest möglichen Termin der Fertigstellung.

2.2.3.3 Das Modell von Hollier

Hollier untersuchte ein Problem der Serienfertigung von fünf Produkten auf sechs Maschinen [36]. Über die Losgrößenbestimmung werden keine Angaben gemacht. Die Anzahl der täglich eingesteuerten Aufträge (Fertigungslose) ist poissonverteilt. Bei den Abfertigungszeiten werden Rüst- und Ausführungszeiten unterschieden, die jeweils normalverteilt sind.

Die Rüstzeiten werden als reihenfolgeabhängig angenommen. Die Maschinenübergänge sind nach dem Werkstätten- oder dem Fließprinzip möglich. Zur Berücksichtigung von Übergangszeiten ist eine „transit facility" [36, S. 390] vorhanden. Die reinen Transportzeiten sind von den Auftragsdaten unabhängig und normalverteilt. Der Wartezeitanteil der Übergangszeiten ist relativ gering, da die mittlere Auslastung der transit-facility nur rund 50 Prozent beträgt. Die Simulationen werden mit jeweils gleichen Belastungen in allen Stufen durchgeführt. *Hollier* wählt zwei unterschiedliche Belastungsniveaus (load/capacity relationship) von 0,96 und 0,98 und spricht dabei von „light load" bzw. von „heavy load" [36, S. 394].

Soweit die Untersuchungsergebnisse von *Hollier* mit denen von *Conway* und *Gräßler* vergleichbar sind, zeigen sich nur geringe Unterschiede. *Hollier* untersuchte acht elementare und eine kombinierte Prioritätsregel, von denen zwei Regeln auf die speziellen Annahmen des Fertigungsmodells abgestimmt waren. Die KOZ-Regel wirkte sich sehr günstig auf die mittlere Durchlaufzeit und die Auftragsbindung aus, dagegen ergaben sich hohe Werte für die Streuung der Durchlaufzeiten. Die günstige Wirkung der KOZ-Regel auf die mittlere Verspätung wurde bei *Hollier* nicht bestätigt. Der Grund dafür liegt sicher in den abweichenden Modellannahmen über den Maschinenübergang, so daß die Simulationsergebnisse in diesem Punkt nicht ohne weiteres zu vergleichen sind. Hervorzuheben ist, daß in dem Simulationsmodell von *Hollier* trotz der erheblich abweichenden Modellstruktur die Prioritätsregeln nur graduell anders wirken als in den bisher dargestellten Modellen. Ferner zeigt sich bei *Hollier,* daß u. U. modellindividuelle Prioritätsregeln zu definieren sind, deren Wirksamkeit auf die Kenngrößen des Betriebes besser sein kann als die der bekannten Standardregeln.

2.2.3.4 Das Modell von Berr und Papendieck

Das Modell von *Berr* und *Papendieck* [6] ist für einen speziellen Betrieb der Serienfertigung entwickelt worden und weicht in mehrfacher Hinsicht von den bisher dargestellten Simulationsmodellen ab. Ein wesentlicher Unterschied besteht darin, daß von Produkten mit komplexen Erzeugnisstrukturen ausgegangen wird, so daß neben der mehrstufigen Fertigung die Dispositionsstufen der Baugruppen- und der Endmontage in das Werkstattmodell einbezogen werden. Bei *Conway, Gräßler* und *Hollier* wurde lediglich die Dispositionsstufe der Teilefertigung untersucht. Ein weiterer Unterschied besteht hinsichtlich des Ankunftsprozesses. Während in den anderen Modellen die Auftragseinsteuerung in die Fertigung durch einen Zufallsprozeß erfolgt, gehen *Berr* und *Papendieck* von einem Absatzplan der Enderzeugnisse aus und berechnen die Termine für den Montagebeginn bzw. die Einsteuerung der Einzelteile durch retrograde Kapazitätsbelegung. Die Erzeugnislosgrößen werden als ganzzahlige Vielfache des Periodenbedarfs an Fertigprodukten festgelegt. Dadurch sind die Losgrößen der untergeordneten Produktstufen (Baugruppen, Einzelteile) determiniert, denn der Teilebedarf wird mit Hilfe von Stücklisten ermittelt.

Bei den Bedienungszeiten wird zwischen den Rüst- und Ausführungszeiten unterschieden. Die Rüstzeiten werden als Stichproben aus einer Verteilung erzeugt, ebenso die Ausführungszeiten je Einheit der Produkte. Die Bedienungs- bzw. Operationszeiten ergeben sich dann in Abhängigkeit von den Losgrößen. Die Werkstattauslastung wird bei den Simulationen von *Berr* und *Papendieck* durch Veränderung der Nachfrageraten variiert, und es werden unterschiedliche Auslastungen der Bedienungsstationen zugelassen.

Bei den Simulationen von *Berr* und *Papendieck* wurden die in den anderen Modellen festgestellten Eigenschaften der Prioritätsregeln tendenziell bestätigt. Infolge der retrograden Belastungs- und Terminplanung konnten bei allen Regeln die Termine vollständig eingehalten werden. Terminregeln waren deshalb nicht Gegenstand der Untersuchungen.

Als Beurteilungskriterium wurde die Summe der beeinflußbaren Kosten gewählt und als „Dispositionskosten" bezeichnet. Da neben den Prioritätsregeln zur Steuerung der Bearbeitungsreihenfolgen die Losgrößen als Variable des Fertigungsprozesses untersucht wurden, waren die Dispositionskosten zusammengesetzt aus den Rüstkosten, den Transportkosten, den Zinskosten der Zwischen- und Fertigprodukte sowie den Maschinenleerkosten.

Zum Vergleich der Wirkungsweise verschiedener Prioritätsregeln sind die Dispositionskosten bei übereinstimmenden Losgrößen zu betrachten. Die besten Ergebnisse wurden mit zwei Wertregeln[14] sowie der KOZ-Regel erzielt. Aufgrund früherer Ergebnisse wäre allerdings eine deutlichere Überlegenheit der KOZ-Regel zu erwarten gewesen, zumal die Nebenbedingungen der Termineinhaltung stets erfüllt wurde. Beim Einsatz der „Längste-Operationszeit"-Regel (LOZ-Regel), die als Umkehrung der KOZ-Regel anzusehen ist und in früheren Untersuchungen besonders ungünstige Ergebnisse zeigte, wurden die relativ höchsten Dispositionskosten berechnet.

Die Dispositionskosten schwankten beim Einsatz verschiedener Regeln um ca. 10 Prozent. Dabei ist zu berücksichtigen, daß die Rüstkosten und die Zinskosten der Enderzeugnisse durch die Reihenfolgeplanung unbeeinflußbar sind, da einerseits die Rüstzeiten als reihenfolgeunabhängig unterstellt werden und andererseits eine vollständige Termineinhaltung erreicht wird. Bezieht man sich lediglich

[14] Dabei wird der Auftrag mit dem höchsten Wert bevorzugt abgefertigt.

auf den beeinflußbaren Anteil der Dispositionskosten, so liegen die Schwankungen in der Größenordnung von 15 Prozent. Es ist aber zu bedenken, daß die insgesamt beeinflußbaren Kosten nur einen Anteil von ca. 5 bis 6 Prozent der Herstellkosten ausmachen. Daraus ergibt sich, daß durch die Reihenfolgeplanung maximal nur rund 0,5 Prozent der Herstellkosten zu beeinflussen sind. *Berr* und *Papendieck* bestreiten daher, daß irgendeine Prioritätsregel einen besonderen Vorteil hat.

Betrachtet man das Verhältnis der Dispositionskosten zu den Herstellkosten, so lassen sich die Untersuchungen von *Berr* und *Papendieck* zu der Aussage zusammenfassen, daß es in einem System der Prozeßplanung in erster Linie auf die Termineinhaltung ankommt. Bei vollständiger Termintreue sind die Fragen der Losgrößen- und Reihenfolgeplanung nur von geringer Bedeutung. Allerdings ist ein Verfahren der retrograden Kapazitätsbelegung, wie es von *Berr* und *Papendieck* angewendet wird, für praktische Problemstellungen nicht ohne weiteres zu verwenden. Als Ergebnis eines derartigen Verfahrens werden die Anfangszustände der Kapazitätseinheiten sowie der Roh-, Zwischen- und Endläger berechnet. Diese Größen sind jedoch bei realen Problemstellungen als Eingangsdaten anzusehen.

Werden die Ergebnisse der dargestellten Modelle zusammengefaßt, so kann gesagt werden, daß die Prioritätsregeln zur Steuerung des Fertigungsablaufs in bezug auf die Struktur des jeweiligen Fertigungsmodells zu beurteilen sind. Verallgemeinernde Aussagen über die Wirksamkeit verschiedener Regeln im Verhältnis zueinander sind nur mit Einschränkungen zulässig, da der Einfluß unterschiedlicher Modellbedingungen (Übergangsbedingungen, Höhe der Belastung in den Fertigungsstufen, Maßnahmen zur Verbesserung der Terminhaltung) auf die Dynamik des Fertigungsmodells nicht hinreichend genau abzuschätzen ist.

3. Entwicklung eines mehrstufigen Modells für die simultane Lagerdisposition und Ablaufplanung

3.1 Zum Begriff der Simultaneität

„Simultaneität“ bedeutet Gleichzeitigkeit und hat damit einen zeitlichen Begriffsinhalt. Bei einer simultanen Planung ist jedoch die effektiv gleichzeitige Bestimmung der Planungsvariablen irrelevant. Entscheidend ist die Erfassung des funktionalen Zusammenhanges zwischen den Planungsvariablen. Die Bedingung der Simultaneität ist in einem Planungsmodell zu erfüllen, in dem die funktionalen Abhängigkeiten zwischen den Variablen verschiedener Planungsbereiche berücksichtigt werden. Es wäre daher besser von „interdependenter“ [16, S. 113] Planung zu sprechen. *Gutenberg* ersetzt in diesem Zusammenhang den Begriff „Simultaneität“ durch „Integration“ [27, S. 198].

3.2 Modellkonzeption

In dem vorgeschlagenen Modell der mehrstufigen Serienfertigung soll das Reihenfolgeproblem der Fertigungsablaufplanung mit Hilfe von Prioritätsregeln gelöst werden. Andere Lösungsverfahren kommen wegen der Komplexität der integrierten Problemstellung nicht in Betracht. Verfahren auf der Grundlage von Prioritätsregeln setzen, wie in Abschnitt 2.2 dargestellt wurde, bekannte Auftragsdaten voraus, so daß das Dispositionsproblem zeitlich vor der Behandlung des Reihenfolgeproblems gelöst werden muß. Deshalb wird in dem vorgeschlagenen Modell das Dispositionsproblem in den Vordergrund gestellt, und es wird versucht, die kapazitiven Restriktionen der Fertigung in das Entscheidungsmodell der Lagerdisposition einzubeziehen.

Die Konzeption des integrierten Modells besteht darin, ein analytisches Modell der Disposition mit einem Simulationsmodell des Fertigungsablaufs durch einen iterativen Prozeß zu verbinden. Der Rechenablauf erfolgt schrittweise. Zunächst werden aus den vorgegebenen Daten sowie einer Schätzfunktion für die Mittelwerte der Durchlaufzeitverteilungen die Entscheidungsvariablen der Disposition berechnet. Anschließend wird der Fertigungsablauf simuliert und die vorher geschätzten Werte empirisch ermittelt. Sofern signifikante Abweichungen festgestellt werden, sind die Berechnungen zu wiederholen. In diesem Fall werden die Dispositionsvariablen mit den in der Simulation ermittelten Werten neu berechnet, und der Fertigungsablauf wird erneut simuliert. Anschließend wird wieder geprüft, ob die bei der Disposition vorausgesetzten Erwartungswerte der Durchlaufzeiten durch die Simulation bestätigt werden. Wenn dies zutrifft, wird der Rechenablauf beendet, ansonsten ist die iterative Disposition und Simulation zu wiederholen. Jede der zu testenden Prioritätsregel erfordert einen separaten Ablauf der Berechnungen.

Die Teilmodelle der Lagerdisposition und der Fertigungsablaufplanung sind als Teilsysteme eines integrierten Systems aufzufassen. Die Struktur dieses Systems ist in Abb. 3.1 dargestellt.

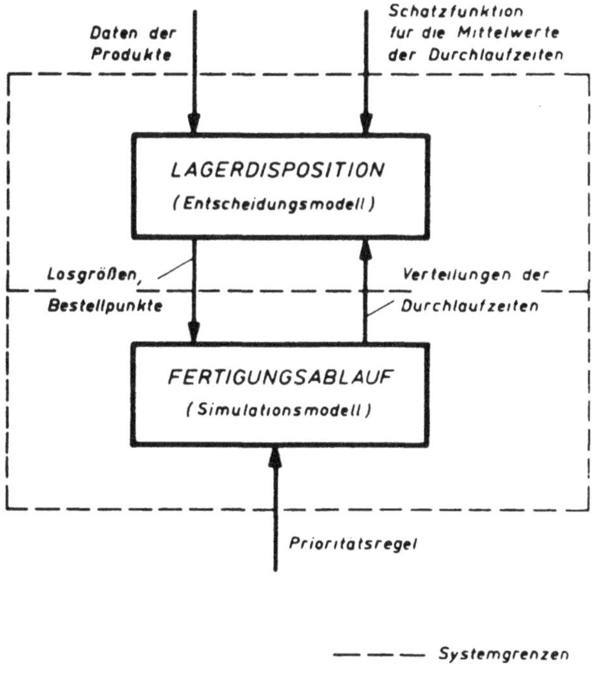

Abb. 3.1 Struktur des integrierten Lagerdispositions- und Fertigungssystems

Die Trennung in die Teilmodelle der Lagerdisposition und des Fertigungsablaufs hat den Vorteil, daß verschiedene Ansätze für das Entscheidungsmodell auf ihre Eignung für ein integriertes Modell getestet werden können.

Die Bewertung einer Lösung erfolgt aufgrund der beeinflußbaren Kosten. Diese bilden zusammen mit den Annahmen über die Nachfrage- und die Fertigungsstruktur die Bestimmungsgrößen der Entscheidungsfunktion. Darauf wird in Abschnitt 3.3.2 eingegangen.

3.3 Das Entscheidungsmodell der Lagerdisposition

Für das Entscheidungsmodell der Lagerdisposition werden verschiedene Ansätze entwickelt. Zunächst werden in Abschnitt 3.3.1 die in den Modellansätzen auftretenden Größen definiert. Anschließend wird in Abschn. 3.3.2 die Struktur des integrierten Problems dargestellt, soweit sie für das Entscheidungsmodell relevant ist. Danach wird der Sonderfall unbeschränkter Kapazitäten behandelt, wobei die grundlegenden Zusammenhänge der Disposition bei mehrstufiger Fertigung dargestellt werden sollen. Anschließend werden verschiedene Lösungsansätze für die mehrstufige Disposition bei kapazitiven Restriktionen entwickelt.

3.3.1 Definitionen

In den Ansätzen für das Entscheidungsmodell treten folgende Größen auf[15]:

T	[ZE]	Länge des Planungszeitraums
m		Anzahl der Fertigungsstufen
i		Stufenindex; $i = 1, \ldots, m$
n		Anzahl der Produkt- oder Erzeugnisarten
j		Produktindex; $j = 1, \ldots, n$
l_j		Anzahl der von dem Produkt j zu durchlaufenden Fertigungsstufen
r_j	[ME/ZE]	Nachfragerate des Produktes j
a_{ij}	[ZE]	Reihenfolgeunabhängige Rüstzeit für ein Los von Produkt j in Stufe i
a_j	[ZE]	Summe der Rüstzeiten in allen Stufen; $a_j = \sum_{i=1}^{l_j} a_{ij}$
A_j	[GE]	Rüstkostensumme für ein Los von Produkt j in allen Fertigungsstufen
v_{ij}	[ZE/ME]	Ausführungszeit [vgl. 60, S. 11 ff.] je Einheit des Produktes j in Stufe i, auch „Stückzeit“ oder „Einzelzeit“ genannt
v_j	[ZE/ME]	Summe der Stückzeiten in allen Stufen; $v_j = \sum_{i=1}^{l_j} v_{ij}$

[15] Für die Dimensionen gelten folgende Abkürzungen:
ME = Mengeneinheit, ZE = Zeiteinheit, GE = Geldeinheit.

w_{ij}	[GE/ME]	Proportionale Fertigungsstückkosten des Produktes j in Stufe i
w_{oj}	[GE/ME]	Proportionale Werkstoffkosten je Einheit des Produktes j
w_j	[GE/ME]	Proportionale Stückkosten des Fertigproduktes j; $w_j = \sum_{i=0}^{l_j} w_{ij}$
c_{l_j}	$[\frac{1}{ZE}]$	Lagerkostensatz des Produktes j in den Zwischenlägern und im Endlager[16]
c_{f_j}	$[\frac{1}{ZE}]$	Fehlmengenkostensatz des Produktes j[17]
q_j	[ME]	Losgröße des Produktes j
S_j	[ME]	Maximalbestand des Produktes j im Endlager
s_j	[ME]	Bestellniveau, bei dem ein neues Los von Produkt j in die Fertigung eingesteuert wird
y_j	[1/ZE]	Auflegungshäufigkeit, d. h. Anzahl der Auflegungen des Produktes j je Zeiteinheit; $y_j = r_j/q_j$
Y	[1/ZE]	Zyklushäufigkeit
u_j	[ZE]	Auflegungsabstand, d. h. Abstand zweier aufeinander folgender Einsteuerungszeitpunkte für die Lose des Produktes j; $u_j = 1/y_j = q_j/r_j$
ϵ_j	[ME]	Sicherheitsbestand des Produktes j zur Verminderung bzw. Vermeidung von Fehlmengen
b_{ij}	[ZE]	Operationszeit[18] (Rüstzeit + Ausführungszeit) eines Loses von Produkt j in Stufe i; $b_{ij} = a_{ij} + q_j \cdot v_{ij}$
b_j	[ZE]	Operationszeit eines Loses in allen von Produkt j durchlaufenen Stufen; $b_j = \sum_{i=1}^{l_j} b_{ij}$

[16] Der Lagerkostensatz ist auf den bewerteten mittleren Lagerbestand bezogen.

[17] Der Fehlmengenkostensatz ist auf den bewerteten mittleren Fehlbestand bezogen.

[18] Auch als „Auftragszeit“ oder „Belastungswert“ zu bezeichnen.

z_{ij}	[ZE]	Durchlaufzeit eines Loses von Produkt j durch die Stufe i, definiert als das Zeitintervall zwischen dem Eintritt in die Stufe und dem Verlassen der Stufe
z_j	[ZE]	Durchlaufzeit durch alle Fertigungsstufen; $z_j = \sum_{i=1}^{l_j} z_{ij}$
p_j	[ME/ZE]	Produktionsrate des Produktes j; $p_j = q_j/z_j$

Die mit den proportionalen Fertigungsstückkosten bewerteten Bestände sind:

$B_{l_j}^F(t)$	[GE]	Bewerteter Zwischenlagerbestand des Produktes j zur Zeit t; $B_{l_j}^F(t) \geqslant 0$
$B_{l_j}^L(t)$	[GE]	Bewerteter Bestand des Produktes j im Endlager zur Zeit t; $B_{l_j}^L(t) \geqslant 0$
$B_{f_j}(t)$	[GE]	Bewertete Fehlmenge des Produktes j zur Zeit t; $B_{f_j}(t) < 0$
$B_j(t)$	[GE]	Resultierender Bestand des Produktes j; $B_j(t) = B_{l_j}^F(t) + B_{l_j}^L(t) + B_{f_j}(t)$; $B_j(t) \gtrless 0$
$\overline{B}_{l_j}^F$	[GE]	Bewerteter mittlerer Zwischenlagerbestand des Produktes j
$\overline{B}_{l_j}^L$	[GE]	Bewerteter mittlerer Fertiglagerbestand des Produktes j
$\overline{B}_{f_j}$	[GE]	Bewertete mittlere Fehlmenge des Produktes j

Folgende Kostenarten treten auf:

K_{ges_j}	[GE/ZE]	Gesamtkosten des Produktes j je Zeiteinheit
K_{r_j}	[GE/ZE]	Rüstkosten des Produktes j je Zeiteinheit
$K_{l_j}^F$	[GE/ZE]	Fertigungsablaufbedingte Zwischenlagerkosten des Produktes j je Zeiteinheit
$K_{l_j}^L$	[GE/ZE]	Endlagerkosten des Produktes j je Zeiteinheit
K_{f_j}	[GE/ZE]	Fehlmengenkosten des Produktes j je Zeiteinheit

In den Ansätzen für das Entscheidungsmodell wird weitgehend eine isolierende Betrachtungsweise angewendet, so daß der Produktindex j zur Unterscheidung der Produktarten nicht benötigt wird. Zur Vereinfachung der Darstellung wird der Index in diesen Fällen weggelassen.

3.3.2 Die Bestimmungsgrößen der Entscheidungsfunktion

3.3.2.1 Die Nachfragestruktur

Es wird angenommen, daß eine deterministische Nachfrage nach mehreren Produktarten besteht. Dabei ist für die Problemstruktur ohne Bedeutung, ob die Nachfrage durch eine dem Fertigungsprozeß nachgelagerte Dispositionsstufe (Weiterverarbeitung oder Montage) ausgelöst wird, oder ob die Produkte absatzorientiert gefertigt werden.

Die Lagerentnahme eines Produktes je Zeiteinheit wird als Absatzgeschwindigkeit oder Nachfragerate definiert. Vereinfachend werden für alle Produkte kontinuierliche Lagerentnahmen unterstellt. Ferner wird die Absatzgeschwindigkeit als konstant angenommen.

3.3.2.2 Die Fertigungsstruktur

Es wird ein mehrstufiger Fertigungsprozeß zugrunde gelegt. In jeder Stufe vollzieht sich ein Bedarfserfüllungsprozeß sowie ein Erneuerungsprozeß, indem die Zwischenprodukte aus den vorgelagerten Stufen bearbeitet und den nachgelagerten Stufen zugewiesen werden. Durch den zeitpunktgeballten Produktausstoß bildet sich vor und hinter einer Stufe jeweils ein Zwischenlager[19], so daß im Sinne der Einteilung von *Popp* [62, S. 2] jede Fertigungsstufe als Produktions- und Lagerstelle anzusehen ist. Daneben sind zwei reine Lagerstellen vorhanden, das Lager der Werkstoffe sowie das Endlager der Fertigprodukte. Es wird angenommen, daß die benötigten Werkstoffe unbegrenzt verfügbar sind. Ferner wird die Kapazität der Zwischenläger und des Endlagers als unbeschränkt vorausgesetzt.

3.3.2.3 Das Optimierungsziel

Im Rahmen der vorliegenden Untersuchungen wird die Gewinnmaximierung als unternehmerische Zielsetzung gewählt[20], und es wird angenommen, daß der Erlös je Produkteinheit konstant sei[21]. Damit kann bei vorgegebenen Absatzmengen der Produkte das Optimierungsziel der Gewinnmaximierung durch das Ziel der Kostenminimierung ersetzt werden. Von den mit der Produktion ver-

[19] Die Bestandsverläufe für ein einfaches Beispiel bei dreistufiger Fertigung sind in Abb. 3.2 angegeben.

[20] Vgl. S. 17.

[21] Die Losdimensionierung bei mengenabhängigen Preisen wird u. a. von *Marx* [47] behandelt.

bundenen Kosten sind für die Optimierung nur die beeinflußbaren Kostenelemente zu betrachten. Diese umfassen Rüst-, Lagerhaltungs- und Fehlmengenkosten[22].

a) *Rüstkosten*

Die Rüstkosten sind mit der Umstellung einer Anlage (Maschine) auf eine neue Produktart verbunden. Sie werden auch als Umrüst- oder Einrichtkosten bezeichnet und entsprechen, da sie losgrößenunabhängig sind, den bestellfixen Kosten der reinen Lagermodelle.

Der Umfang der Umrüstarbeiten einer Anlage kann von der Produktfolge abhängig sein, so daß die Rüstzeiten und die damit verbundenen Rüstkosten im allgemeinen Fall reihenfolgeabhängig sind. Für die hier zu behandelnde Problemstellung wird jedoch von reihenfolgeunabhängigen Rüstzeiten und -kosten ausgegangen.

b) *Lagerhaltungskosten*

Die Lagerhaltungskosten, die auch als „Lagerungs-" oder „Lagerkosten" bezeichnet werden, setzen sich aus den reinen Lagerkosten und den Zinskosten zusammen.

Die reinen Lagerkosten entstehen durch die Einlagerung der Produkte, ihre Wartung und ihre Ausgabe [27, S. 202]. Die Zinskosten als kalkulatorische Kosten auf das im Lager gebundene Kapitel sind der Menge und dem Wert der gelagerten Produkte sowie der Lagerdauer proportional. Als kalkulatorischer Zinssatz kann die maximale Rendite eingesetzt werden, die bei alternativer Verwendung des Kapitals erreicht werden könnte [29, S. 13].

Es ist eine in der Literatur übliche Annahme, daß die Zinskosten wesentlich größer sind als die reinen Lagerkosten, für die zumindest näherungsweise eine proportionale Abhängigkeit vom Wert der gelagerten Produkte gilt. Damit sind die gesamten Lagerkosten als prozentualer Aufschlag zu den Herstellkosten zu berechnen. Dieser Ansatz soll auch hier gelten.

c) *Fehlmengenkosten*

Unterbrechungen des Bedarfserfüllungsprozesses sind mit Kosten verbunden, die unter dem Begriff der Fehlmengenkosten zusammengefaßt werden. Dabei sind die Situationen der verzögerten Bedarfsbefriedigung (backorder case) und der unmöglichen Erfüllung (lost-sales case) unterschiedlich zu bewerten. Die Quantifizierung der in die Fehlmengenkosten eingehenden Kostenelemente ist sehr problematisch [34, S. 13]. Für den hier zu behandelnden Fall der verzögerten

[22] Die Definition dieser Kostenelemente erfolgt in Anlehnung an *Gutenberg* [27, S. 201ff.] und *Hochstätter* [34, S. 9ff.]. Eine detailliertere Aufgliederung der relevanten Kosten findet sich u. a. bei *Hadley-Whitin* [29, S. 10ff.].

Bedarfsbefriedigung kann angenommen werden, daß die Fehlmengenkosten eines Produkts der Fehlmenge, dem Produktwert und der Fehlmengendauer proportional sind.

3.3.3 Der Sonderfall unbeschränkter Kapazitäten bei der mehrstufigen Fertigung

Neben den Prämissen aus Abschnitt 3.3.2 gelten folgende Voraussetzungen.

Fertigungs- und Transportkapazitäten seien unbeschränkt, so daß Wartezeiten nicht auftreten. Ferner seien die Transportzeiten gegenüber den Operationszeiten zu vernachlässigen. Damit ergibt sich die Durchlaufzeit eines Loses als Summe der Operationszeiten in den durchlaufenen Fertigungsstufen. Wegen der für jede Produktart konstanten Operationszeiten sind auch die Durchlaufzeiten der Lose eines Produktes konstant.

Die Lagerkosten eines Produktes sind von den zeitabhängigen Zwischen- und Endlagerbeständen abhängig. Betrachtet man die Produktentwicklung in den Fertigungsstufen und im Endlager mengen- bzw. wertmäßig, so ergeben sich zwei unterschiedliche Darstellungsformen der Lagerbestandsverläufe, die im folgenden Abschnitt diskutiert werden sollen. Dabei soll einerseits die Struktur des mehrstufigen Lagerhaltungsproblems erläutert und andererseits die Berechnung der Zwischenlagerkosten dargestellt werden.

3.3.3.1 Die Berechnung der Zwischenlagerkosten anhand mengen- und wertmäßiger Lagerbestandsverläufe[23]

Bei mehrstufiger Fertigung mit zeitpunktgeballtem Produktausstoß in allen Stufen sind mehrere, räumlich voneinander getrennte Läger vorhanden[24]. Daher ist zwischen den Lagerbestandsverläufen in jedem einzelnen Zwischenlager und im Endlager zu unterscheiden.

Diese Zusammenhänge sollen anhand eines einfachen Beispiels erläutert werden:

Beispiel: Ein Produkt sei in drei Stufen zu bearbeiten. Die Rüstzeiten seien gegenüber den Ausführungszeiten zu vernachlässigen.

Die Bestandsverläufe im Endlager und in den Zwischenlägern sind qualitativ in Abb. 3.2 dargestellt.

Die Einsteuerung des Rohmaterials in die erste Fertigungsstufe erfolgt zum Zeitpunkt t_A derart, daß der Bestand im Endlager gerade auf Null abgesunken ist, wenn das fertig bearbeitete Los zum Zeitpunkt t_D dort eintrifft.

[23] Wegen der fehlenden Interdependenzen zwischen den Fertigungslosen gelten für alle Produkte analoge Zusammenhänge. Um die Darstellung zu vereinfachen, wird der Produktindex j im folgenden weggelassen.

[24] Vgl. S. 14.

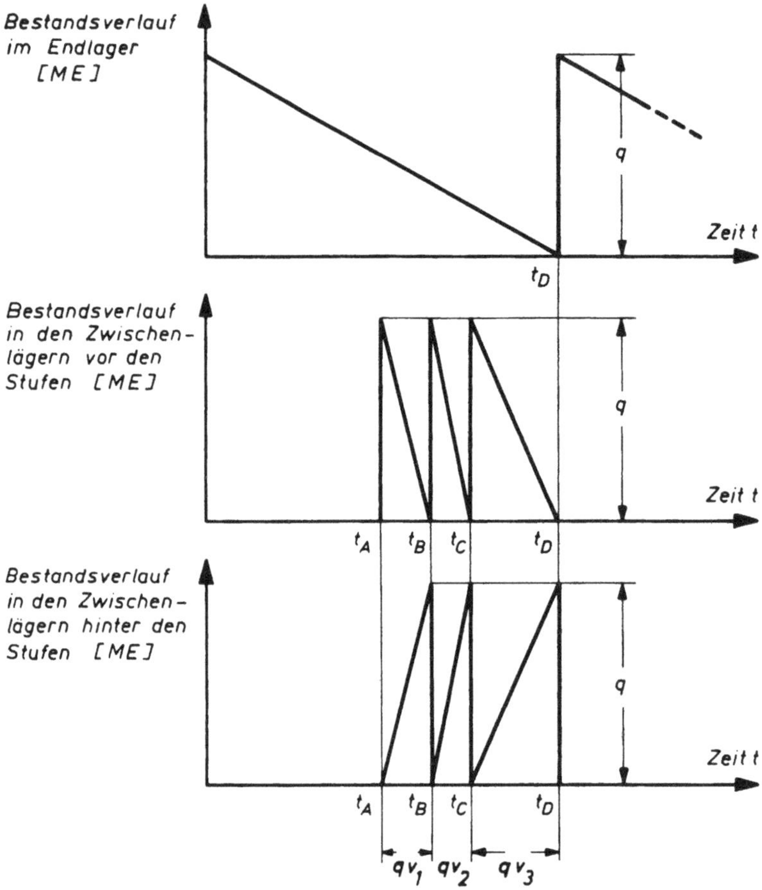

Abb. 3.2 Bestandsverläufe im Endlager und in den Zwischenlägern für das Beispiel einer dreistufigen Fertigung

In dem Zwischenlager vor einer Stufe nimmt während der Operationszeit der Bestand von q auf Null linear ab bei gleichzeitiger linearer Zunahme des Bestandes hinter der Stufe von Null auf q. Der Übergang eines Loses von einer Stufe zur nächsten erfolgt zeitlos (Zeitpunkte t_B und t_C). Bei t_D wird das Los dem Endlager zugewiesen.

Die Beanspruchung aller Zwischenläger zusammengenommen ist dem Produkt aus der Losgröße und der Durchlaufzeit gleich, da über der Durchlaufzeit ein Bestand in Höhe der Losgröße gebunden ist. Formal erhält man dieses Ergebnis auch durch Überlagerung der Bestandsverläufe vor und hinter den Stufen, vgl. Abb. 3.2. Für die Berechnung der anfallenden Lagerkosten ist allerdings der unterschiedliche Teilewert in den einzelnen Fertigungsstufen und dem Endlager zu beachten. Jedes Lager liefert einen getrennt zu erfassenden Beitrag zu den Lagerkosten.

Wenn der Wert einer Produkteinheit nach der Bearbeitung in Stufe i durch die aufgelaufenen proportionalen Fertigungsstückkosten definiert und mit $\overline{w}_i$ bezeichnet wird, so ergibt sich für die Kosten im Zwischenlager vor bzw. hinter der Stufe i bei Herstellung eines Loses:

$$K' = c_l \, \overline{w}_{i-1} \frac{q}{2} q \, v_i \tag{3.1}$$

$$K'' = c_l \, \overline{w}_i \frac{q}{2} q \, v_i \tag{3.2}$$

Daraus erhält man für die Zwischenlagerkosten in allen Stufen je Zeiteinheit:

$$K_l^F = c_l \, r \frac{q}{2} \sum_{i=1}^{l} (\overline{w}_{i-1} + \overline{w}_i) \, v_i \tag{3.3}$$

In Gleichung (3.3) ist nur q variabel, so daß die Zwischenlagerkosten der Losgröße proportional sind, $K_l^F \sim q$.

Die Bestandsdarstellung und die Berechnung der Zwischenlagerkosten lassen sich durch den Übergang auf bewertete Bestände vereinfachen. Wenn keine Lagerrestriktionen zu beachten sind, so ist unter Kostenaspekten die Unterscheidung der Lagerarten irrelevant, und der Verlauf der bewerteten Lagerbestände kann in einem einzigen Diagramm dargestellt werden.

Zur Veranschaulichung diene wieder das Beispiel aus Abb. 3.2. Zunächst sollen die Lagerbestandsentwicklungen für den einfachen Fall dargestellt werden, daß folgende beiden Bedingungen erfüllt sind:

1. Die Werkstoffkosten seien gegenüber den Fertigungskosten zu vernachlässigen.
2. Das Verhältnis aus den proportionalen Fertigungskosten eines Loses und der Herstellzeit sei in allen Stufen gleich. Dieses Verhältnis ist der Summe aus Maschinen- und Lohnkosten einer Kapazitätseinheit je Zeiteinheit äquivalent.

Damit ergibt sich der in Abb. 3.3 dargestellte Verlauf der bewerteten Lagerbestände analog zu dem bekannten einstufigen Modell mit endlicher Produktionsgeschwindigkeit und zeitpunktgeballtem Produktausstoß [vgl. u. a. 53, S. 21; 47, S. 45f.].

Der Streckenzug A-E-C gibt den Bestandsverlauf im Endlager an. Der bewertete Zwischenlagerbestand in der Fertigung wächst linear von Null bis auf $w \cdot q$ zwischen den Punkten D und C. Das Dreieck DEC ist ein Maß für die Zwischenlagerkosten. Wegen der Flächengleichheit der Dreiecke DEC und BEC wird der resultierende Lagerbestandsverlauf durch den Streckenzug A-B-C dargestellt.

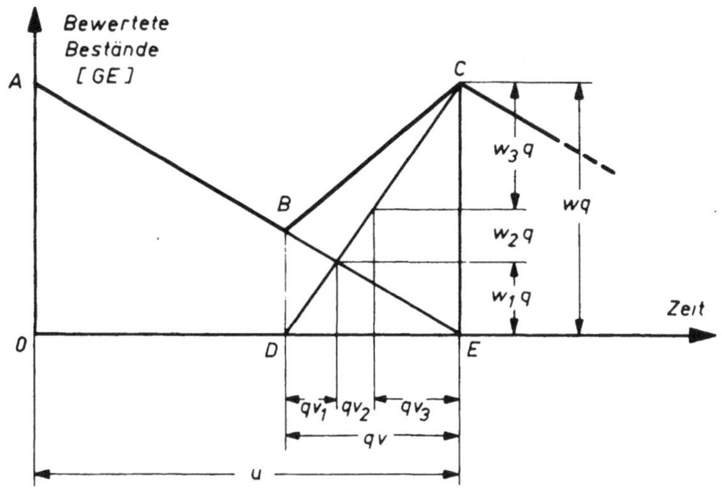

Abb. 3.3 Verlauf des bewerteten Zwischen- und Endlagerbestandes

Die Zwischenlagerkosten je Zeiteinheit sind

$$K_l^F = c_l \, w \, \frac{q}{2} \, q \, v \, \frac{1}{u} \tag{3.4}$$

und mit $1/u = r/q$ ergibt sich

$$K_l^F = c_l \, w \, \frac{q}{2} \, r \, v \tag{3.5}$$

In Gleichung (3.5) sind die Zwischenlagerkosten ebenfalls der Losgröße proportional.

Werden die einschränkenden Annahmen 1. und 2. über die Struktur der Daten aufgehoben, so verändert sich das Diagramm der bewerteten Bestände. In Abb. 3.4 ist eine mögliche Veränderung dargestellt.

Wenn die in Abb. 3.4 schraffierten Dreiecke flächengleich sind, so ändert sich die Berechnung der Zwischenlagerkosten nur geringfügig:

$$K_l^F = c_l \, (w + w_o) \, \frac{q}{2} \, r \, v \tag{3.6}$$

Für unterschiedlich große Flächen gilt der Ansatz:

$$K_l^F = c_l \, r \, \frac{q}{2} \sum_{i=1}^{l} (2 \, \overline{w}_{i-1} + w_i) \, v_i \tag{3.7}$$

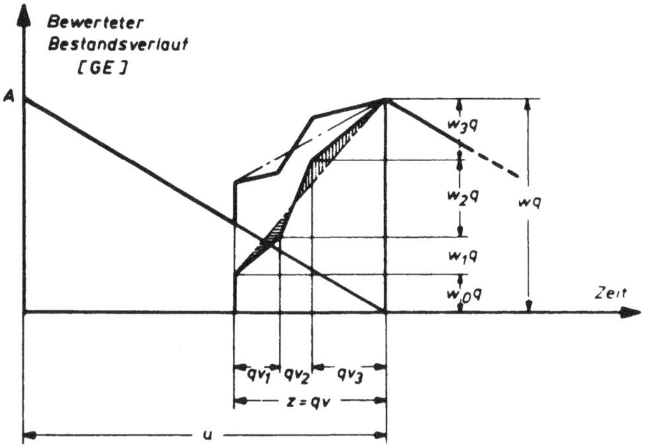

Abb. 3.4 Verlauf des bewerteten Zwischen- bzw. Endlagerbestandes bei nicht vernachlässigbaren Werkstoffkosten und unterschiedlichen Kosten der Kapazitätseinheiten je Zeiteinheit

Wird die Prämisse vernachlässigbarer Rüstzeiten aufgehoben, so verändert sich die Bestandsentwicklung in den Fertigungsstufen. Im Zwischenlager vor einer Stufe ist während des Rüstvorgangs der Bestand in Höhe der Losgröße vorhanden. Über der Bearbeitungszeit nimmt der Bestand linear auf Null ab, während er hinter der Stufe gleichzeitig von Null auf q_j linear wächst. Diese Zusammenhänge sind in Abb. 3.5 mengenmäßig dargestellt.

Für die Zwischenlagerkosten vor bzw. nach der Bearbeitung eines Loses in Stufe i gilt dabei:

$$K' = c_l \cdot \overline{w}_{i-1} \frac{q}{2} (2\, a_i + q\, v_i) \tag{3.8}$$

und

$$K'' = c_l \cdot \overline{w}_i \frac{q}{2} q\, v_i \tag{3.9}$$

Damit folgt für die Zwischenlagerkosten je Zeiteinheit:

$$K_l^F = c_l\, r \left[\frac{q}{2} \sum_{i=1}^{l} (\overline{w}_{i-1} + \overline{w}_i)\, v_i + \sum_{i=1}^{l} \overline{w}_{i-1}\, a_i\right] \tag{3.10}$$

Die Zwischenlagerkosten sind hier linear von der Losgröße abhängig. Gleichung (3.10) hat die Form

$$K_l^F = C_1\, q + C_2 \qquad \begin{array}{l} C_1 = \text{konst.} \\ C_2 = \text{konst.} \end{array} \tag{3.11}$$

und unterscheidet sich von Gleichung (3.3) lediglich durch die Konstante $C_2 = c_l\, r \sum_i \overline{w}_{i-1}\, a_i$, die den Einfluß der Rüstzeiten angibt.

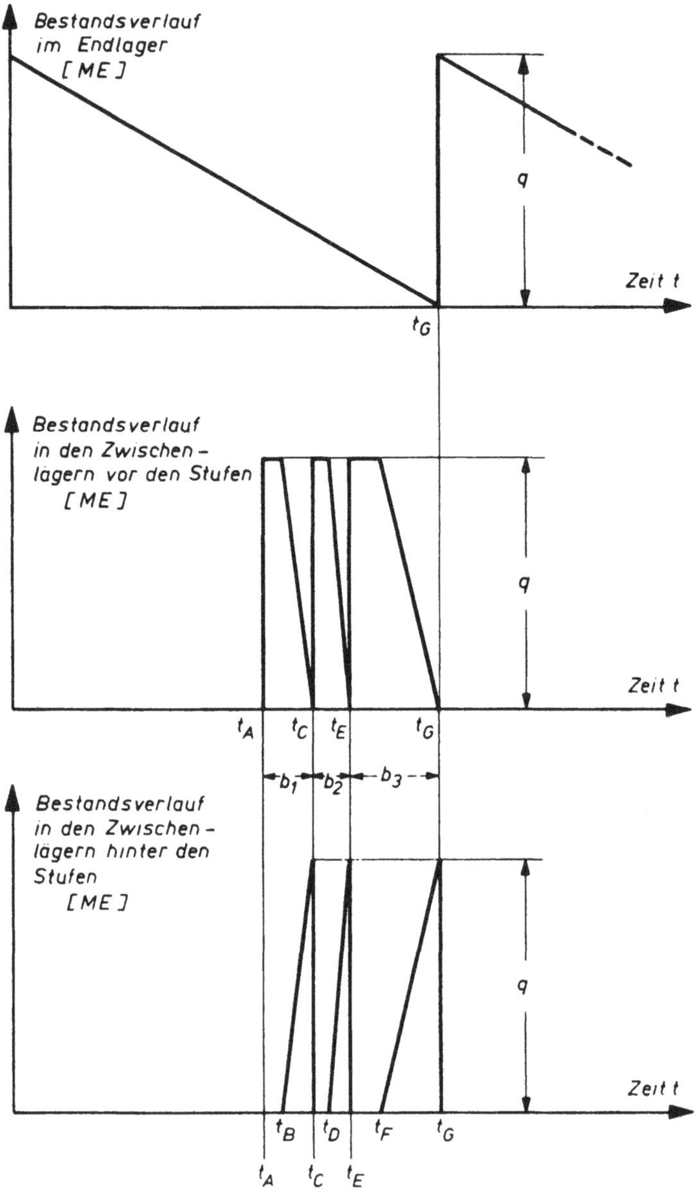

Abb. 3.5 Bestandsverlauf im Endlager und in den Zwischenlägern bei nicht vernachlässigbaren Rüstzeiten

Der wertmäßige Bestandsverlauf bei nicht vernachlässigbaren Rüstzeiten ist in den Abb. 3.6a und 3.6b dargestellt.

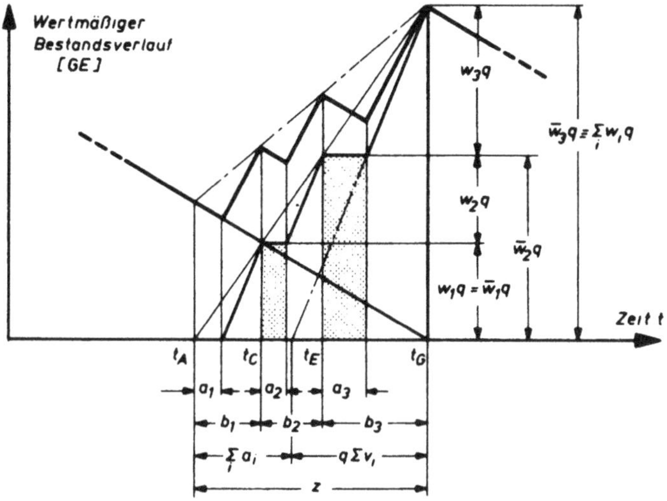

Abb. 3.6a Bestandsverlauf bei nicht vernachlässigbaren Rüstzeiten
Prämissen: – Werkstoffkosten $w_0 = 0$
– gleiche Kosten der Kapazitätseinheiten je ZE

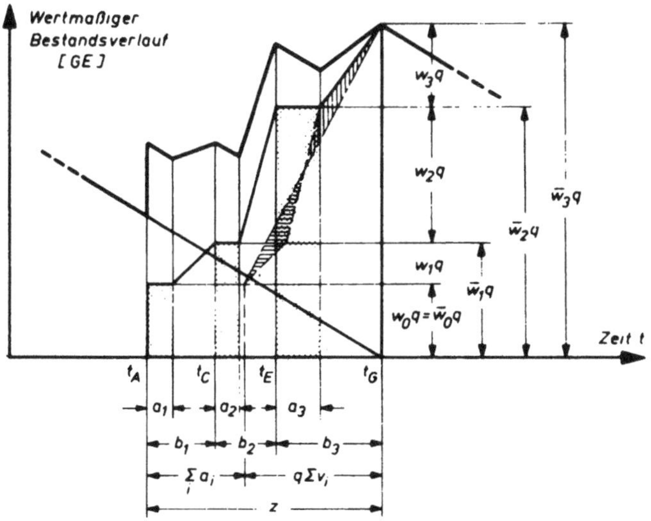

Abb. 3.6b Bestandsverlauf bei nicht vernachlässigbaren Rüstzeiten
Prämissen: – Werstoffkosten $w_0 > 0$
– Verschiedene Kosten der Kapazitätseinheiten je ZE

Der Ansatz für den allgemeinen Fall nach Abb. 3.6b:

$$K_l^F = c_l \frac{r}{q} [q \sum_{i=1}^{l} \overline{w}_{i-1} \underbrace{(a_i + q\, v_i)}_{b_i} + \frac{q}{2} \sum_{i=1}^{l} w_i\, q\, v_i] \tag{3.12}$$

führt nach einfachen Umformungen zu:

$$K_l^F = c_l\, r\, [\frac{q}{2} \sum_{i=1}^{l} (2\, \overline{w}_{i-1} + w_i)\, v_i + \sum_{i=1}^{l} \overline{w}_{i-1}\, a_i] \tag{3.13}$$

Wenn die in Abb. 3.6b schraffierten Dreiecksflächen gleichgroß sind, so gilt

$$\frac{q}{2} \sum_{i=1}^{l} (2\, \overline{w}_{i-1} + w_i)\, v_i = \frac{q}{2} (\sum_{i=0}^{l} w_i + w_o) \sum_{i=1}^{l} v_i \tag{3.14}$$

und mit $w = \sum_{i=0}^{l} w_i$ und $v = \sum_{i=1}^{l} v_i$ vereinfacht sich Gleichung (3.13) zu

$$K_l^F = c_l\, r\, [\frac{q}{2} (w + w_o)\, v + \sum_{i=1}^{l} \overline{w}_{i-1}\, a_i] \tag{3.15}$$

3.3.3.2 Ein deterministisches (S,q)-Modell

Bei unbeschränkten Kapazitäten sind die Kostenfunktionen der Produkte voneinander unabhängig, da die Durchlaufzeiten sämtlicher Lose determiniert sind. Das Minimum der über alle Produkte gebildeten Gesamtkostenfunktion ist gleich der Summe der Kostenminima, die auf die einzelnen Produkte bezogen sind:

$$\text{Min} \sum_{j=1}^{n} K_{ges_j} = \sum_{j=1}^{n} \text{Min}\, K_{ges_j} \tag{3.16}$$

Wegen der Unabhängigkeit der Produkte sind die im folgenden herzuleitenden Beziehungen für jedes Produkt isoliert anzuwenden. Aus Gründen der übersichtlicheren Darstellung soll der Produktindex j wieder weggelassen werden.

Die für die Optimierung relevanten Gesamtkosten je Zeiteinheit setzen sich aus Rüst-, Lager- und Fehlmengenkosten zusammen.

Die Rüstkosten je Zeiteinheit betragen

$$K_r = A \frac{r}{q} \tag{3.17}$$

Die Lagerkosten je Zeiteinheit sind definiert als

$$K_l = c_l \frac{1}{T} \int_0^T B(t)\, dt; \quad B(t) \geqslant 0 \tag{3.18}$$

Die Fehlmengenkosten je Zeiteinheit sind

$$K_f = c_f \frac{1}{T} \int_0^T - B(t)\, dt; \quad B(t) < 0 \tag{3.19}$$

Das Integral in Gleichung (3.18) ist als Lagerbeanspruchung [18, S. 18] im Planungszeitraum T aufzufassen und durch den mittleren Lagerbestand $\bar{B}_l$ multipliziert mit T zu ersetzen. Entsprechend ist das Integral in Gleichung (3.19) ein Maß für die Fehlmengenkosten und durch das Produkt aus der mittleren Fehlmenge $\bar{B}_f$ und dem Zeitraum T auszudrücken. $\bar{B}_l$ und $\bar{B}_f$ hängen von den beiden unabhängigen Entscheidungsvariablen des Dispositionsproblems ab. Neben der Losgröße q soll hier in Anlehnung an die Lagerhaltungsliteratur [u. a. 58, S. 63; 11, S. 191; 66, S. 80] als zweite Entscheidungsvariable der Maximalbestand S im Fertiglager gewählt werden, so daß die Entscheidungsfunktion die Form einer deterministischen (S,q)-Politik annimmt [62, S. 14]. Dabei besteht der in Abb. 3.7 dargestellte Zusammenhang zwischen dem Maximalbestand S, dem Bestellniveau s und der Losgröße q.

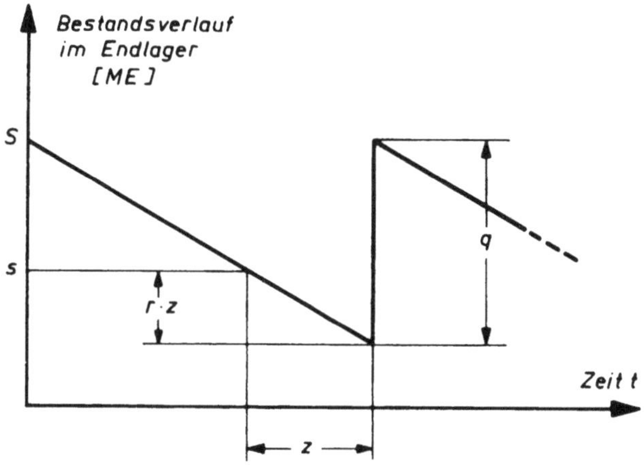

Abb. 3.7 Zusammenhang zwischen der Losgröße q, dem Maximalbestand S und dem Bestellniveau s im deterministischen Fall

Es ist $S = s + q - rz$, und mit der Produktionsrate $p = q/z$ ergibt sich

$$s = S - q\left(1 - \frac{r}{p}\right) \tag{3.20}$$

Der mengenmäßige Lagerbestand B_l^L/w schwankt in den Grenzen

$$S - q \leqslant \frac{B_l^L}{w} \leqslant S \tag{3.21}$$

Für den Ansatz der Lagerkosten wird von einem Zwischenlagerbestandsverlauf nach Abb. 3.3 ausgegangen. Dieser Ansatz ist entsprechend den Darstellungen von Abschnitt 3.3.3.1 zu modifizieren, wenn die einschränkenden Annahmen über die Datenstruktur (vgl. S. 39) nicht zutreffen.

Die Berechnung der Lager- und Fehlmengenkosten ist vom Verhältnis S/q abhängig. Es sind die drei in den Abb. 3.8, 3.9 und 3.10 dargestellten Bereiche $S/q > 1$, $0 \leqslant S/q \leqslant 1$ und $S/q < 0$ zu unterscheiden [siehe auch 58, S. 63], wobei für die Schraffur folgende Vereinbarung gilt:

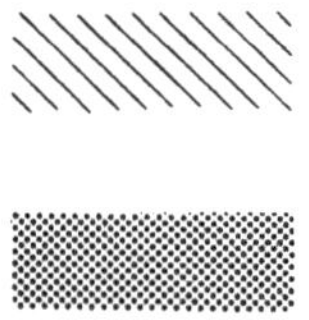

gesamte Lagerbeanspruchung

anteilige Lagerbeanspruchung durch die Zwischenlagerung

Fehlmengen

Fall 1: $S > q$

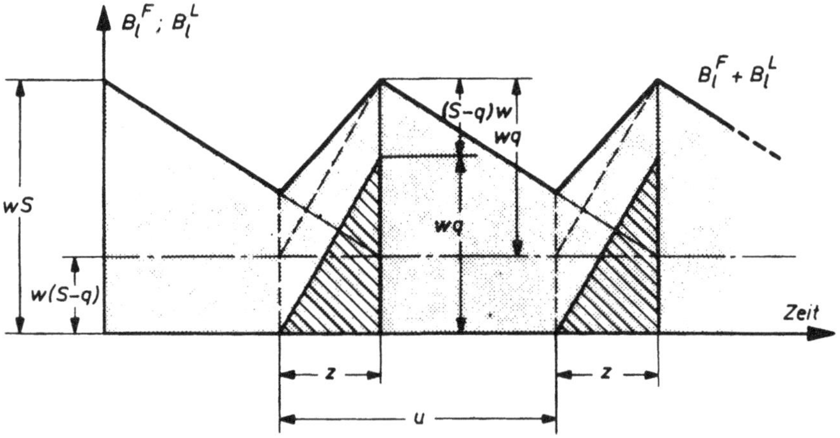

Abb. 3.8 Bestandsverlauf für $S > q$

Der bewertete mittlere Fertiglagerbestand beträgt

$$\overline{B}_l^L = w\,(S - \frac{q}{2}) \qquad (3.22)$$

Der entsprechende Zwischenlagerbestand ist $\overline{B}_l^F = w \frac{q}{2} \frac{z}{u}$, und mit $p = q/z = \text{const.}$ sowie $u = q/r$ ergibt sich

$$\overline{B}_l^F = w \frac{q}{2} \frac{r}{p} \tag{3.23}$$

Daraus folgt

$$\overline{B}_l = \overline{B}_l^F + \overline{B}_l^L = w \left[S - \frac{q}{2} \left(1 - \frac{r}{p}\right)\right] \tag{3.24}$$

Fehlbestände treten nicht auf:

$$\overline{B}_f = 0 \tag{3.25}$$

Fall 2: $0 \leqslant S \leqslant q$

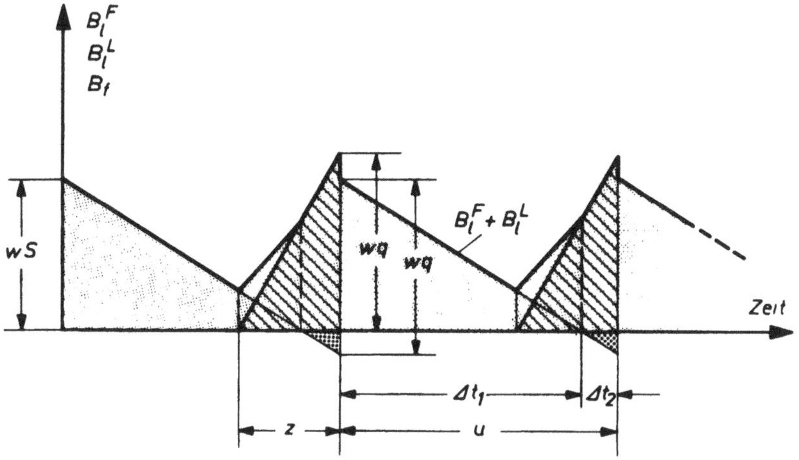

Abb. 3.9 Bestandsverlauf für $0 \leqslant S \leqslant q$

Hier ist $\overline{B}_l^L = w \frac{S\,\Delta t_1}{2u}$. Nach dem Strahlensatz gilt $\Delta t_1 : S = u : q$, so daß

$$\overline{B}_l^L = w \frac{S^2}{2q} \tag{3.26}$$

Der bewertete mittlere Zwischenlagerbestand beträgt wieder $\overline{B}_l^F = w \frac{q}{2} \frac{r}{p}$.
Damit ergibt sich

$$\overline{B}_l = w \left(\frac{S^2}{2q} + \frac{q}{2} \frac{r}{p}\right) \tag{3.27}$$

Der bewertete mittlere Fehlbestand errechnet sich zu $\overline{B}_f = - w \frac{(q - S)\,\Delta t_2}{2u}$, und mit $\Delta t_2 : (q - S) = u : q$ folgt

$$\overline{B}_f = - w \frac{(q - S)^2}{2q} \tag{3.28}$$

Fall 3: $S < 0$

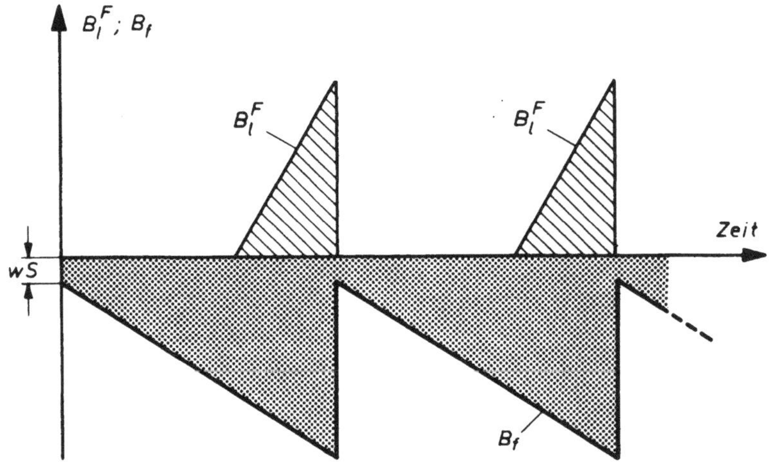

Abb. 3.10 Bestandsverlauf für $S < 0$

Die bewerteten mittleren Bestände sind

$$\overline{B}_l = w \frac{q}{2} \frac{r}{p} \tag{3.29}$$

und

$$\overline{B}_f = w\,(S - \frac{q}{2}) \tag{3.30}$$

In der Kostenfunktion

$$K_{ges}\,(q, S) = K_r + K_l + K_f \tag{3.31}$$

ergibt sich dann für die Summe aus Lager- und Fehlmengenkosten:

$$K_l + K_f = \begin{cases} c_l\, w\, [S - \frac{q}{2}(1 - \frac{r}{p})] & ; S \geqslant q & (3.32) \\ c_l\, w\, (\frac{S^2}{2q} + \frac{q}{2}\frac{r}{p}) + c_f\, w\, \frac{(q-S)^2}{2q} & ; 0 \leqslant S \leqslant q & (3.33) \\ c_l\, w\, \frac{q}{2}\frac{r}{p} + c_f\, w\, (\frac{q}{2} - S) & ; S \leqslant 0 & (3.34) \end{cases}$$

Es gelten folgende Abschätzungen:

a) Aus Gleichung (3.32): $S \geqslant q \rightarrow K_{ges}(S > q) > K_{ges}(S = q)$
b) Aus Gleichung (3.34): $S \leqslant q \rightarrow K_{ges}(S < 0) > K_{ges}(S = 0)$

Daraus folgt, daß das Minimum der Kostenfunktion im Bereich $0 \leqslant S \leqslant q$ liegen muß, so daß für die Optimierung lediglich Gleichung (3.33) in Betracht kommt:

$$K_{ges}(q, S) = A\,\frac{r}{q} + c_l\, w(\frac{S^2}{2q} + \frac{q}{2}\frac{r}{p}) + c_f\, w\, \frac{(q-S)^2}{2q} \qquad (3.35)$$

Die optimalen Werte für q und S erhält man aus den partiellen Ableitungen $\partial K_{ges}/\partial S$ und $\partial K_{ges}/\partial q$ durch Nullsetzen:

$$\frac{\partial K_{ges}}{\partial S} = \frac{c_l\, w\, S}{q} - \frac{c_f \cdot w(q-S)}{q} = 0 \qquad (3.36)$$

$$\frac{\partial K_{ges}}{\partial q} = -A\,\frac{r}{q^2} - c_l\, w\,(\frac{S^2}{2q^2} - \frac{1}{2}\frac{r}{p}) + c_f\, w\,[\frac{q-S}{q} - \frac{1}{2}(\frac{q-S}{q})^2] = 0 \qquad (3.37)$$

Aus Gleichung (3.36) folgt zunächst

$$S_o = \frac{c_f}{c_l + c_f}\, q \qquad (3.38)$$

Damit wird

$$\frac{q - S_o}{q} = \frac{c_l}{c_l + c_f} \qquad (3.39)$$

Gleichung (3.37) ist umzuformen:

$$A\,\frac{r}{q_o^2} \cdot \frac{1}{w} = \frac{c_l}{2}\frac{r}{p} - \frac{c_l\, c_f^2}{2(c_l + c_f)^2} + \frac{c_l\, c_f}{c_l + c_f} - \frac{c_l^2\, c_f}{2(c_l + c_f)^2} \qquad (3.40)$$

und es ergibt sich schließlich

$$q_o = \sqrt{\frac{2\,A\,r}{c_l\, w\,(\frac{c_f}{c_l + c_f} + \frac{r}{p})}} \qquad (3.41)$$

Für den optimalen Bestand S_o folgt aus Gleichung (3.38) mit Gleichung (3.41):

$$S_o = \frac{c_f}{c_l + c_f} \sqrt{\frac{2\,A\,r}{c_l\,w\left(\frac{c_f}{c_l + c_f} + \frac{r}{p}\right)}} \tag{3.42}$$

und aus Gleichung (3.20) ergibt sich für das optimale Bestellniveau

$$s_o = \left(\frac{r}{p} - \frac{c_l}{c_l + c_f}\right) \sqrt{\frac{2\,A\,r}{c_l\,w\left(\frac{c_f}{c_l + c_f} + \frac{r}{p}\right)}} \tag{3.43}$$

Für die Produktionsrate ist $p = 1/v$ einzusetzen.

Die Beziehungen (3.41) und (3.42) stimmen mit der klassischen Losgrößenformel überein, wenn Fehlmengen nicht zugelassen werden ($c_f \to \infty$) und die Produktionsgeschwindigkeig als unendlich groß angenommen wird ($p \to \infty$):

$$q_o = S_o = \sqrt{\frac{2\,A\,r}{c_l\,w}} \tag{3.44}$$

Für das Bestellniveau erhält man dabei aus Gleichung (3.43) erwartungsgemäß $s_o = 0$.

Die Gleichungen (3.41), (3.42) und (3.43) sind folglich als Erweiterungen der Disposition nach der klassischen Losgrößenformel anzusehen. Sie gelten nur bei unbeschränkten Kapazitäten für die mehrstufige Mehrproduktfertigung.

Die Annahme unbeschränkter Kapazitäten bedeutet, daß im Extremfall in jeder Stufe ebenso viele Kapazitätseinheiten verfügbar sein müssen, wie Produktarten herzustellen sind. Diese Voraussetzung ist bei realen Fertigungsprozessen i. a. nicht erfüllt. Wenn daher von kapazitiven Beschränkungen ausgegangen wird, so sind Interdependenzen zwischen den Produkten wirksam[25], die in den Beziehungen (3.41), 3.42) und (3.43) nicht berücksichtigt sind. Daher soll im folgenden Abschnitt zunächst dargestellt werden, welcher systematische Fehler bei Anwendung der Gleichungen (3.41) und (3.43) für die Bestimmung der Losgrößen und Bestellpunkte bei kapazitiven Beschränkungen entsteht. Danach werden verschiedene Ansätze für das Dispositionsproblem entwickelt, in denen die kapazitiven Restriktionen in unterschiedlicher Weise berücksichtigt werden.

3.3.4 Übergang zu kapazitiven Beschränkungen

Zunächst wird in Abschnitt 3.3.4.1 der Einfluß beschränkter Fertigungskapazitäten dargestellt. Anschließend werden in Abschnitt 3.3.4.2 auch die Transportkapazitäten als beschränkt angenommen.

[25] Vgl. S. 17.

3.3.4.1 Die Unzulänglichkeit der Losgrößenformel bei beschränkten Fertigungskapazitäten

Aus der isolierten Losdimensionierung nach Gleichung (3.41) ergeben sich produktindividuelle Fertigungszyklen $u_j = q_j/r_j$; $j = 1, \ldots, n$. Diese haben starke Schwankungen der Kapazitätsbelastung über der Zeit zur Folge. Zeitintervalle, in denen eine Fertigungsstufe unbelastet ist, können je nach Datenstruktur ebenso auftreten wie Intervalle, in denen die Zahl der benötigten Kapazitätseinheiten in einer Stufe mit der Anzahl der zu fertigenden Produkte übereinstimmt[26].

Bei beschränkten Fertigungskapazitäten sind Wartezeiten einzelner Lose nicht zu vermeiden. Dadurch verändert sich die Struktur der dispositionsabhängigen Kosten.

Das berechnete Losprogramm mit den Gleichungen (3.41) und (3.43) ist technisch realisierbar, sofern die mittlere Kapazitätsbelastung in keiner Stufe über der verfügbaren Kapazität liegt bzw. die Verhältnisse der Nachfrage- und Produktionsraten der Bedingung (3.45) genügen:

$$\sum_{j=1}^{n} \frac{r_j}{p_{ij}} \leq 1; \quad i = 1, \ldots, m \qquad (3.45)$$

mit

$$p_{ij} = q_j \,/\, b_{ij}$$

Die mit der Fertigung verbundenen Kosten liegen jedoch infolge der Wartezeiten einzelner Lose über dem theoretischen Kostenminimum[27]. Daher ist die mit den Gleichungen (3.41) und (3.43) berechnete Lagerhaltungspolitik nicht optimal.

Im Hinblick auf die Warteschlangenkonzeption des Fertigungsmodells (vgl. Abschnitt 3.4.1) kann die Wirkung beschränkter Fertigungskapazitäten durch eine Wahrscheinlichkeitsaussage beschrieben werden. Wenn jede Fertigungsstufe i ersatzweise durch ein einfaches exponentielles Warteschlangensystem gebildet wird, so ist die Wahrscheinlichkeit, daß ein Los vom Produkt j die Fertigung ohne Verzögerung durchläuft:

$$\text{Prob}\ \left(z_j = \sum_{i=1}^{l_j} b_{ij}\right) = \prod_{i=1}^{l_j} P_{o_i} \qquad (3.46)$$

mit P_{o_i} – Wahrscheinlichkeit, daß im System i kein Element vorhanden ist.

[26] S. hierzu die einstufigen Beispiele von *Müller-Merbach* [53, S. 26ff.], *Dinkelbach* [18, S. 47ff.] und *Adam* [1, S. 84ff.].

[27] Der triviale Fall, daß aufgrund einer besonderen Datenstruktur ausnahmsweise eine optimale Lösung erhalten wird, ist aus der Betrachtung ausgeschlossen.

Unterstellt man eine mittlere Stufenauslastung von $\rho_i = \lambda_i / \mu_i = 0{,}8$[28], so ergibt sich im stationären Fall mit $P_{o_i} = 1 - \rho_i$ [65, S. 40] in Abhängigkeit von der Stufenzahl:

Stufenzahl	1	2	3 ... 5 ... 10
$\mathrm{Prob}(z_j = \sum_i b_{ij})$	0,2	0,04	$8 \cdot 10^{-3}$ ... $3{,}2 \cdot 10^{-4}$ ... $\approx 10^{-7}$

Demnach besteht in einem komplexen Fertigungsmodell bei praxisnaher Kapazitätsbelastung nur eine sehr geringe Wahrscheinlichkeit dafür, daß ein Los die Fertigung ohne Wartezeiten durchläuft.

Diese theoretisch begründete Aussage wird durch empirische Untersuchungen bestätigt, wie beispielsweise aus den von *Gräßler* angegebenen Verteilungsfunktionen der Durchlaufzeiten hervorgeht.

Die Verzögerungen im Fertigungsablauf führen zu Lagerbestandsentwicklungen, die in Abb. 3.11 qualitativ dargestellt sind. Dabei wird ein linearer Verlauf des Zwischenlagerbestandes über der Durchlaufzeit angenommen.

Die Beanspruchung des Endlagers wird vermindert bei gleichzeitiger Erhöhung der Zwischenlagerbeanspruchung. Für das Los k ergibt sich, daß wegen der angenähert flächengleichen Dreiecke ABC und DEF[29] eine Verminderung der resultierenden Lagerbeanspruchung entsprechend der Fläche des Dreiecks BGC entsteht. Für die anderen Lose gelten analoge Beziehungen, so daß die Lagerbeanspruchung insgesamt geringer ist als bei unbeschränkten Kapazitäten. Andererseits treten größere Fehlmengen mit längerer Wirkung auf.

Entsprechend verändert sich die Kostenstruktur in zweifacher Hinsicht. Einerseits nehmen die Lagerkosten ab, andererseits erhöhen sich die Fehlmengenkosten. Das Minimum der Gesamtkostenfunktion Gleichung (3.35) wird nicht erreicht, so daß die nach den Gleichungen (3.41) und (3.43) berechneten Losgrößen und Bestellniveaus nicht optimal sind. Daraus ergibt sich, daß die kapazitiven Restriktionen in die Kostenfunktion einbezogen werden müssen. In den folgenden Abschnitten werden verschiedene Ansätze dazu entwickelt.

[28] λ-mittlere Ankunftsrate, μ-mittlere Abfertigungsrate.

[29] Flächengleichheit liegt vor, wenn im Falle $c_f \to \infty$ der nach Gleichung (3.42) berechnete Maximalbestand S_o der Losgröße q_o gleich ist.

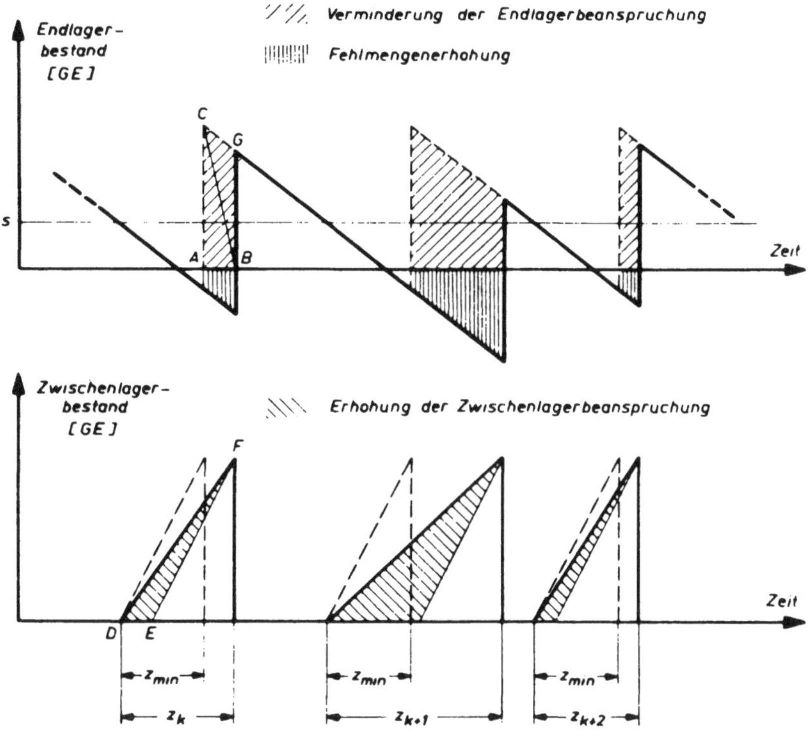

Abb. 3.11 Der Einfluß beschränkter Fertigungskapazitäten, dargestellt anhand der Lagerbestandsverläufe
––– Bestandsverläufe bei unbeschränkten Kapazitäten

3.3.4.2 Diskretisierung des Planungszeitraums und Einführung von Pufferzeiten

Bei beschränkten Fertigungskapazitäten erscheint es sinnvoll, die Kapazitäten der Transportmittel ebenfalls als beschränkt anzusehen. Häufig wird unter der Annahme, daß die Transportzeiten gegenüber den Fertigungszeiten zu vernachlässigen seien, der Übergang zwischen den Bearbeitungsstufen als zeitlos unterstellt [vgl. u. a. 14, S. 4f.; 28, S. 45]. Es ist jedoch zu erwarten, daß infolge der Transportmittelrestriktionen die Wartezeit auf das Transportmittel im Durchschnitt wesentlich größer ist als die reine Transportzeit, so daß die Vernachlässigung der Übergangszeiten im Hinblick auf reale Fertigungsprozesse eine zu starke Idealisierung darstellt.

Wird der Übergang zwischen den Bearbeitungsstufen explizit in die Ablaufplanung einbezogen, so sind für ein Produkt j mit l_j Arbeitsvorgängen zusätzlich l_j Transportvorgänge zu planen, wodurch der Rechenaufwand wesentlich erhöht wird[30]. Daher sollen in dem hier vorgeschlagenen Modell Zeiten für den Übergang zwischen den Bearbeitungsstufen bzw. der Fertigung und dem Endlager implizit in einfacher Weise dadurch berücksichtigt werden, daß der Planungszeitraum in diskrete Zeitperioden konstanter Länge (z. B. Tage) unterteilt wird[31], wobei folgende Bedingung zu erfüllen ist: Wird die Bearbeitung eines Vorgangs im Ablauf einer Periode τ beendet, so wird die Zeit bis zum Ende der Periode für den Übergang benötigt. Mit der Bearbeitung in der nächstfolgenden Stufe kann daher frühestens am Anfang der Periode $\tau + 1$ begonnen werden. Der Übergang erfolgt im Grenzfall zeitlos, wenn eine Operation gerade zum Periodenende abgeschlossen wird.

Infolge dieser Übergangsbedingung beträgt die minimale Durchlaufzeit eines Arbeitsvorgangs ein ganzzahliges Vielfaches der Periodenlänge Δt. Die Differenz zwischen der minimalen Durchlaufzeit und der Operationszeit (Dauer des Arbeitsvorgangs) ist daher als unabhängige Pufferzeit anzusehen. Sie kann im Normalfall aus zwei Anteilen bestehen:

a) Wartezeit auf Bearbeitung bzw. Zeitintervall zwischen dem Eintreffen des Loses vor der Fertigungsstufe und dem Beginn der Bearbeitung

b) Zeit für den Übergang zur nächstfolgenden Fertigungsstufe bzw. zum Endlager, zusammengesetzt aus der Wartezeit auf das Transportmittel und der Transportzeit

Sofern die Wartezeit vor der Bearbeitung die Pufferzeit nicht übersteigt, ist die Durchlaufzeit des betreffenden Arbeitsvorgangs minimal.

Im Sinne der aus der Netzplantechnik bekannten Zeitdefinitionen [59, S. 417ff.] sind der früheste und der späteste Anfang sowie das früheste und späteste Ende der Bearbeitung eines Vorgangs festzulegen, wenn die minimale Durchlaufzeit des Vorgangs realisiert werden soll. Zur Erläuterung wird in Abb. 3.12 die Terminierung für einen Arbeitsvorgang angegeben, dessen Dauer D größer als eine und kleiner als zwei Perioden sein soll, $1 < D/\Delta t < 2$. (Siehe S. 55)

Die minimale Durchlaufzeit des Vorgangs beträgt zwei Perioden, die Zeitdifferenz SAZ-FAZ=SEZ-FEZ hat daher den Charakter eines unabhängigen Zeitpuffers. Im Fall a) wird die Pufferzeit ausschließlich für den Übergang zur nächstfolgenden Stufe bzw. zum Endlager verbraucht. Im Fall b) enthält der Puffer ausschließlich Wartezeit auf Bearbeitung, und der Maschinenübergang erfolgt zeitlos.

[30] Eine Transportstufe ist beispielsweise in dem Simulationsmodell von *Hollier* [36] vorhanden. Allerdings ist die Anzahl der Fertigungsstufen und der Auftragsumfang vergleichsweise gering, so daß der Simulationsaufwand durch Einbeziehung der Transportvorgänge in der Größenordnung des Aufwandes anderer Simulationsmodelle liegt.

[31] Darauf wird in Abschnitt 3.4.2 noch genauer eingegangen.

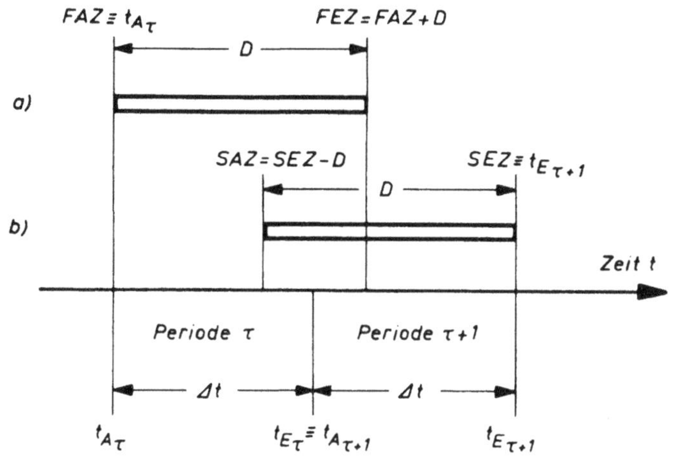

Abb. 3.12 Anfangs- und Endzeitpunkte eines Vorgangs bei Beginn der Bearbeitung
a) zum frühest möglichen Zeitpunkt
b) zum spätest zulässigen Zeitpunkt

Die Arbeitsvorgänge können im Rahmen ihrer Pufferzeiten verschoben werden, ohne daß sich Endterminverschiebungen ergeben. Infolgedessen stellt sich bei der Diskretisierung des Planungszeitraums in Verbindung mit der Annahme über den Maschinenübergang ein Effekt des Kapazitätsausgleichs[32] ein. Dieser Effekt nimmt mit wachsenden Pufferzeiten zu, so daß durch die Variation der Periodenlänge ein mehr oder weniger starker Kapazitätsausgleich zu erreichen ist.

In dem Beispiel aus Abb. 3.3 verändert sich durch die Einführung von Pufferzeiten der Lagerbestandsverlauf entsprechend Abb. 3.13, wobei unterstellt wird, daß die Durchlaufzeiten in allen Stufen minimal sind. Die nicht eingezeichnete Kurve des bewerteten Zwischenlagerbestandes über der Zeit verläuft in einem Gebiet, das durch zwei Grenzfälle eingeschränkt ist (siehe S. 56):

a) Die Bearbeitung der Vorgänge wird in allen Stufen zu den frühest möglichen Zeitpunkten begonnen, d. h. zum Beginn der jeweiligen Periode.

b) Die Bearbeitung der Vorgänge beginnt in allen Stufen zu den spätest zulässigen Zeitpunkten.

Unterstellt man, daß sich die Pufferzeiten im Mittel gleichmäßig auf Wartezeiten vor der Bearbeitung und Übergangszeiten verteilen, so kann für die Berechnung der Zwischenlagerbindung ein über z_{min} linearer Verlauf des Zwischenlagerbestandes entsprechend der strichpunktierten Linie in Abb. 3.13 angenommen werden.

[32] Vgl. S. 16.

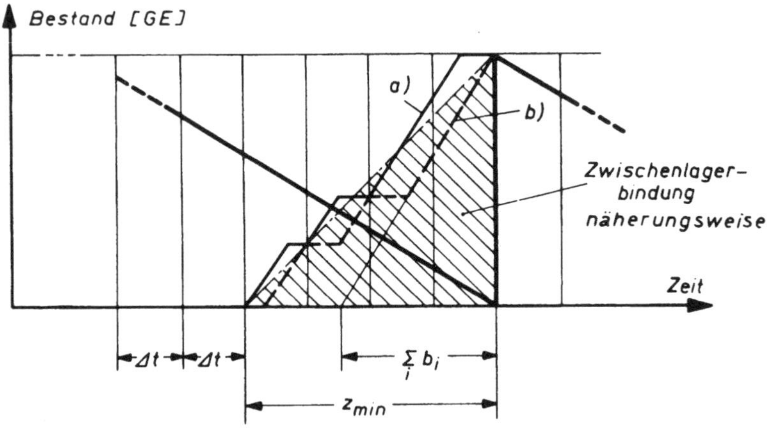

Abb. 3.13 Bestandsverlauf bei Bearbeitungsbeginn
a) zu den frühest möglichen Zeitpunkten
b) zu den spätest zulässigen Zeitpunkten

Theoretisch läßt sich ein vollständiger Kapazitätsausgleich auch bei einer hohen mittleren Belastung der Kapazitäten erreichen. Es muß lediglich die Periodenlänge genügend groß gewählt werden, so daß die Pufferzeiten entsprechend groß sind. Andererseits nehmen aber die Übergangszeiten mit wachsender Periodenlänge zu. Bei den Simulationen hat sich gezeigt, daß die Übergangszeiten in etwa gleichverteilt sind mit einem Mittelwert von ca. $\Delta t/2$[33]. Daher ist die Periodenlänge nicht beliebig wählbar, sondern muß der Leistungsfähigkeit des innerbetrieblichen Transportsystems angepaßt werden.

3.3.5 Deterministische Modellansätze bei beschränkten Kapazitäten

3.3.5.1 Ansatz mit produktindividuellen Fertigungszyklen (Dispositionsverfahren 1)

Wenn aufgrund der Datenstruktur ein vollständiger Kapazitätsausgleich zu erreichen ist (niedrige Kapazitätsbelastung, Periodenlänge groß), so kann ein Ansatz analog zur Problemstellung bei unbeschränkten Kapazitäten gewählt werden. Für die Zwischenlagerbindung gilt $w \; \frac{q}{2} z_{min}$, sofern sich die Pufferzeiten gleichmäßig auf die Wartezeiten vor der Bearbeitung und auf die Übergangszeiten verteilen. Als Kostenfunktion ist dann wieder Gleichung (3.35) anzuwenden, wobei für die Produktionsrate $p = q/z_{min}$ einzusetzen ist. Wenn zwischen der Durchlaufzeit z_{min} und der Losgröße q Proportionalität besteht ($z_{min} \sim q$), so ist

[33] Darüber wird in Abschnitt 5.4.1 berichtet.

die Produktionsrate losgrößenunabhängig und die Variablen des Dispositionsproblems sind wie im Falle unbeschränkter Kapazitäten zu berechnen:

$$q_o = \sqrt{\frac{2\,A\,r}{c_l\,w\,(\frac{c_f}{c_l + c_f} + \frac{r}{p})}} \tag{3.47}$$

$$S_o = \frac{c_f}{c_l + c_f}\,q_o \tag{3.48}$$

$$s_o = r \cdot z_{min} \tag{3.49}$$

3.3.5.2 Ansatz bei einem strengen Fertigungszyklus (Dispositionsverfahren 2)

Die Fragestellung der Zyklusmodelle ist auf die Minimierung der über alle Produkte summierten Kosten gerichtet, wobei in einem Modell mit strengem Fertigungszyklus die Auflegungshäufigkeiten aller Produkte gleich sind. Die Kostenfunktion eines Produkts lautet bei Verwendung des Produktindex j, s. Gleichung (3.35):

$$K_{ges_j}(q_j, S_j) = A_j \frac{r_j}{q_j} + c_{l_j}\,w_j\,(\frac{S_j^2}{2q_j} + \frac{q_j}{2}\frac{r_j}{p_j}) + c_{f_j}\,w_j\,\frac{(q_j - S_j)^2}{2q_j} \tag{3.50}$$

Zwischen der Losgröße q_j und dem Maximalbestand S_j besteht bei Optimalität der Zusammenhang nach Gleichung (3.38), so daß Gleichung (3.50) umzuformen ist:

$$K_{ges_j}(q_j \mid S_{o_j}(q_j)) = A_j \frac{r_j}{q_j} + c_{l_j}\,w_j\,[(\frac{c_f}{c_l + c_f})_j^2 + \frac{r_j}{p_j}]\frac{q_j}{2}$$

$$+ c_{f_j}\,w_j\,(\frac{c_l}{c_l + c_f})_j^2\,\frac{q_j}{2}$$

$$= A_j \frac{r_j}{q_j} + c_{l_j}\,w_j\,\frac{q_j}{2}\,[(\frac{c_f}{c_l + c_f})_j + \frac{r_j}{p_j}] \tag{3.51}$$

Unter der Voraussetzung einer streng zyklischen Fertigung ist die Zyklushäufigkeit Y den Auflegungshäufigkeiten aller Produkte gleich:

$$Y = y_j = \frac{r_j}{q_j}\,;\quad j = 1, \ldots, n \tag{3.52}$$

Damit folgt für die Gesamtkostenfunktion

$$K_{ges}(Y \mid \forall\, S_j = S_{o_j}) = Y \sum_{j=1}^{n} A_j + \frac{1}{2Y} \sum_{j=1}^{n} c_{l_j}\,w_j\,r_j\,[(\frac{c_f}{c_l + c_f})_j + \frac{r_j}{p_j}] \tag{3.53}$$

Die optimale Zyklushäufigkeit wird aus der Bedingung $dK_{ges}/dY = 0$ berechnet:

$$\frac{dK_{ges}}{dY} = \sum_{j=1}^{n} A_j - \frac{1}{2\,Y^2} \sum_{j=1}^{n} c_{l_j}\, w_j\, r_j \left[\left(\frac{c_f}{c_l + c_f}\right)_j + \frac{r_j}{p_j}\right] = 0;$$

$$Y_o = \sqrt{\frac{\sum_{j=1}^{n} c_{l_j}\, w_j\, r_j \left[\left(\frac{c_f}{c_l + c_f}\right)_j + \left(\frac{r}{p}\right)_j\right]}{2 \sum_{j=1}^{n} A_j}} \qquad (3.54)$$

Danach ergibt sich für die Losgrößen der Produkte mit Gleichung (3.52):

$$q_{o_j} = \frac{r_j}{Y_o}\ ; \quad j = 1, \ldots, n \qquad (3.55)$$

Das Bestellniveau ist wie im Fall produktindividueller Fertigungszyklen zu bestimmen:

$$s_{o_j} = r_j \cdot z_{min_j} \qquad (3.56)$$

3.3.6 Modellansätze mit zufallsverteilten Durchlaufzeiten bei beschränkten Kapazitäten

Bei praxisnahen Werten für die Belastung der Kapazitäten sowie für die Übergangszeiten ist ein vollständiger Kapazitätsausgleich durch die vorhandenen Pufferzeiten nicht zu erreichen. Daher soll im folgenden versucht werden, das Dispositionsproblem bei Zugrundelegung zufallsverteilter Durchlaufzeiten zu lösen.

3.3.6.1 Der Zufallscharakter der Durchlaufzeiten

Die gegenseitige Beeinflussung der Lose in einer Fertigungsstufe kommt dadurch zustande, daß mit einer von der mittleren Stufenauslastung abhängigen Wahrscheinlichkeit gleichzeitig mehrere Lose um die Zuweisung einer Kapazitätseinheit konkurrieren. Für die Wartezeit eines Loses in einer Stufe sind folgende Größen bestimmend:

a) der Arbeitsinhalt der in der Stufe vorhandenen Kapazitätseinheiten bei der Ankunft des Loses, d. h. die restliche Belegungszeit für die Durchführung der begonnen Operationen,
b) die Operationszeiten der Lose mit höherer Priorität,
c) die Kapazität der Fertigungsstufe.

In einem komplexen Fertigungssystem haben die Größen a) und b) den Charakter von Zufallsvariablen, wie sich für das hier untersuchte Modell empirisch mit Hilfe der Simulation zeigen läßt. Infolgedessen sind die Wartezeiten und damit verbunden die Durchlaufzeiten zufallsverteilt. Aufgrund der besonderen Modellannahmen über die Einsteuerung der Lose und den Maschinenübergang (vgl. Abschnitt 3.4.1) ist die Durchlaufzeit z eine diskrete Zufallsvariable. Die Realisationen werden mit z_ν und die Wahrscheinlichkeitsfunktion mit $f(z_\nu)$ bezeichnet.

3.3.6.2 Simultane Losgrößen- und Bestellpunktrechnung in einem stochastischen Modell (Dispositionsverfahren 3)

Die Minimierung der je Zeiteinheit erwarteten Gesamtkosten aller Produkte $j = 1, \ldots, n$ wird auf ein n-faches Minimierungsproblem zurückgeführt, bei dem die Erwartungswerte der Kosten jedes einzelnen Produktes zu minimieren sind:

$$\text{Min } E\left\{\sum_{j=1}^{n} K_{ges_j}\right\} \Rightarrow \text{Min } E(K_{ges})_j; \quad j = 1, \ldots, n \tag{3.57}$$

Die zu entwickelnden Beziehungen sind dann für alle Produkte separat anzuwenden, so daß im folgenden zur Vereinfachung der Darstellung der Produktindex j wieder weggelassen wird.

Als unabhängige Variable des Dispositionsproblems werden die Losgröße q und das Bestellniveau s gewählt. Das Zeitintervall, in dem das Endlager nach Erreichen des Bestellniveaus ohne einen Neuzugang lieferfähig bleibt, wird als „Vorlaufzeit" definiert und mit z_u bezeichnet. Die Vorlaufzeit z_u ist vom Bestellniveau s funktional abhängig, siehe Abb. 3.14. Wird das Bestellniveau so groß gewählt, daß das Endlager auch bei Durchlaufzeiten $\bar{z} < z_\nu \leq z_u$ lieferfähig bleibt, so ist $\epsilon = r(z_u - \bar{z})$ als „Sicherheitsbestand" aufzufassen, siehe Abb. 3.14.

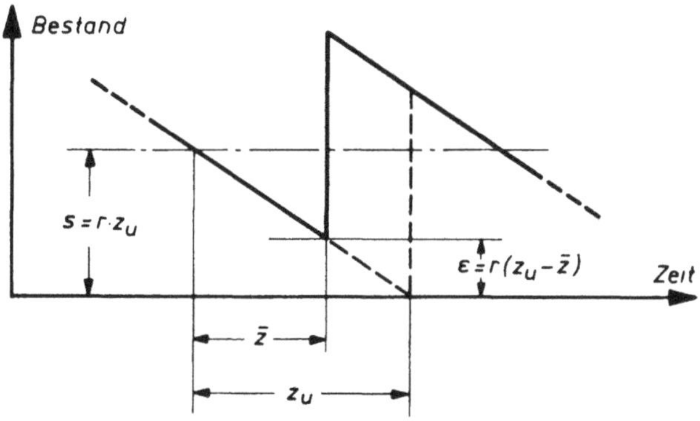

Abb. 3.14 Zusammenhang zwischen $s, \bar{z}, z_u$ und ϵ

Die Kostenfunktion eines Produktes ist mit den Erwartungswerten der Lager- und Fehlmengenkosten anzusetzen:

$$E(K_{ges}) = K_r + E(K_l^F) + E(K_l^L) + E(K_f) \tag{3.58}$$

Die proportionalen Fertigungskosten werden auch hier nicht in die Kostenfunktion einbezogen, da sie unbeeinflußbar sind.

Für die einzelnen Kostenarten gilt:

a) *Rüstkosten*

Die Rüstkosten je Zeiteinheit sind in Abhängigkeit von der Losgröße determiniert:

$$K_r(q) = A \frac{r}{q} \tag{3.59}$$

b) *Zwischenlagerkosten*

Die erwarteten Zwischenlagerkosten je Zeiteinheit betragen

$$E(K_l^F) = c_l\, w \frac{q}{2} \frac{r}{q} \underbrace{\sum_{\forall z_\nu} z_\nu\, f(z_\nu)}_{\bar{z} \equiv E(z)} \tag{3.60}$$

und sind damit explizit nur von der Verteilung der Durchlaufzeiten abhängig:

$$E\{K_l^F(z)\} = c_l\, w \frac{r}{2} \bar{z} \tag{3.61}$$

c) *Endlagerkosten*

Der Erwartungswert der Endlagerkosten je Zeiteinheit $E(K_l^L)$ ist aus dem erwarteten mittleren Bestand $\bar{B}_l^L/w$ zu berechnen. Für die Bestimmung von $\bar{B}_l^L/w$ ist zu diskutieren, wie sich die Beanspruchung des Endlagers verändert, wenn sich bei der Realisation des Fertigungsablaufs Durchlaufzeiten $z_\nu \gtreqless z_u$ ergeben. Betrachtet werde ein Zeitintervall zwischen zwei Bestellpunkten:

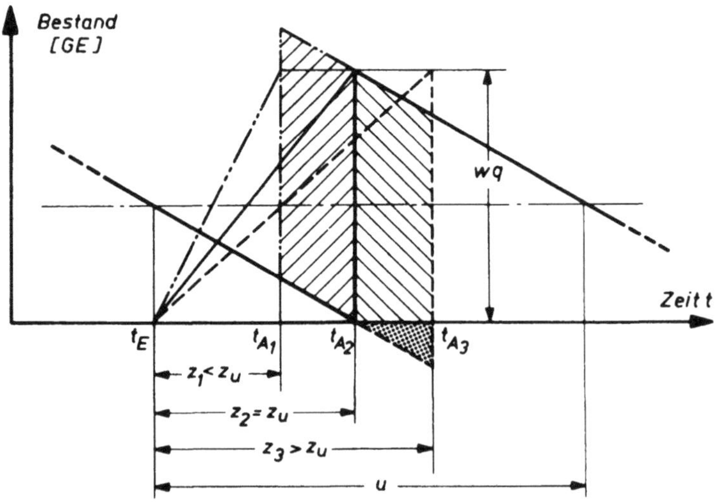

Abb. 3.15 Lagerbestandsverläufe für

—— ·· —— $z_1 < z_u$ t_E – Einsteuerungszeitpunkt

———— $z_2 = z_u$ $t_{A_1} < t_{A_2} < t_{A_3}$ – Aussteuerungszeitpunkte

– – – – – $z_3 > z_u$

Unter Kostengesichtspunkten sind die Realisationen $z_\nu < z_u$ und $z_\nu > z_u$ unterschiedlich zu bewerten:

1. *Mehrbeanspruchung des Endlagers durch Realisationen $z_\nu < z_u$ (Schraffierte Fläche ////// im Beispiel $z_1 < z_u$)*

   Beim Eintreffen eines Loses im Endlager ist noch ein Restbestand $B_l^L(t) > 0$ vorhanden. Daraus resultiert eine Mehrbeanspruchung des Endlagers mit einem Erwartungswert im Intervall u von

$$E(L^+) = q \sum_{\forall z_\nu < z_u} (z_u - z_\nu)\, f(z_\nu) \qquad (3.62)$$

2. *Minderbeanspruchung des Endlagers durch Realisationen $z_\nu > z_u$ (Schraffierte Fläche \\\\\\\\ im Beispiel $z_3 > z_u$)*

   Durch verspätete Lagerzugänge wird die Beanspruchung des Endlagers vermindert. Die erwartete Minderbeanspruchung beträgt im Intervall u:

$$E(L^-) = -q \sum_{\forall z_\nu > z_u} (z_\nu - z_u)\, f(z_\nu) + \frac{r}{2} \sum_{\forall z_\nu > z_u} (z_\nu - z_u)^2\, f(z_\nu) \qquad (3.63)$$

Damit erhält man für die erwartete Beanspruchung des Endlagers im Intervall u:

$$\frac{\overline{B}_l^L}{w} \cdot u = \frac{q}{2}\, u + E(L^+) + E(L^-) \qquad (3.64)$$

Durch Einsetzen der Gleichung (3.62) und (3.63) sowie einfache Umformung folgt:

$$\frac{\overline{B}_l^L}{w}\, u = \frac{q}{2}\, u + q \sum_{\forall z_\nu} (z_u - z_\nu)\, f(z_\nu) + \frac{r}{2} \sum_{\forall z_\nu > z_u} (z_\nu - z_u)^2\, f(z_\nu) \qquad (3.65)$$

Mit $\sum_{z_\nu} f(z_\nu) = 1$, $\sum_{z_\nu} z_\nu\, f(z_\nu) = \overline{z}$ und $1/u = r/q$ ergibt sich für den erwarteten mittleren Lagerbestand

$$\frac{\overline{B}_l^L}{w} = \frac{q}{2} + \underbrace{r(z_u - \overline{z})}_{\epsilon} + \underbrace{\frac{r^2}{2q} \sum_{\forall z_\nu > z_u} (z_\nu - z_u)^2\, f(z_\nu)}_{\equiv D} \qquad (3.66)$$

Folgende Zusammenhänge sind aus Gleichung (3.66) zu erkennen:

Wird z_u so groß gewählt, daß keine Fehlmengen auftreten ($z_u \geqslant z_{max}$, so daß $f(z_\nu | \forall z_\nu > z_u) = 0$), dann ist der mittlere Endlagerbestand gleich $q/2 + \epsilon$. Im Falle $z_u < z_{max}$ erhöht sich B_l^L/w um einen Ausdruck, des als mittlere Fehlmenge zu interpretieren ist, vgl. Gleichung (3.68). Dieses zunächst überraschende Ergebnis wird einleuchtend, wenn man bedenkt, daß die

Lagerbeanspruchung als Integral des Bestandes über der Zeit nur für nicht-negative Werte von B(t) erklärt ist[34]:

$$\frac{\overline{B}_l^L}{w} T = \int_0^T \frac{B(t)}{w} dt; \quad B(t) \geqslant 0.$$

Für die vereinfachte, der klassischen Losgrößenformel zugrunde liegende Problemstellung wäre $\epsilon = 0$ zu wählen, und es würde sich mit $D = 0$ ein mittlerer Bestand in Höhe von $q/2$ ergeben.

Die erwarteten Lagerkosten der Endprodukte je Zeiteinheit betragen mit Gleichung (3.66) bei Berücksichtigung des Zusammenhanges $s = r \cdot z_u$:

$$E\,\{K_l^L(q, s, z)\} = c_l\, \overline{B}_l^L = c_l\, w\, [\frac{q}{2} + s - r\overline{z} + \frac{r^2}{2q} D] \tag{3.67}$$

d) *Fehlmengenkosten*

Analog zur Bestimmung des mittleren Endlagerbestandes kann die mittlere Fehlmenge berechnet werden. Man erhält

$$\frac{\overline{B}_f}{w} = \frac{r^2}{2q} \underbrace{\sum_{\forall z_\nu > z_u} (z_\nu - z_u)^2 f(z_\nu)}_{\equiv D} \tag{3.68}$$

Die erwarteten Fehlmengenkosten je Zeiteinheit sind damit

$$E\,\{K_f\,(q, z)\} = c_f\, \overline{B}_f = c_f\, w\, \frac{r^2}{2q} D \tag{3.69}$$

Mit den Gleichungen (3.59), (3.61), (3.67) und (3.69) erhält man für die erwarteten Gesamtkosten eines Produkts je Zeiteinheit

$$E\,\{K_{ges}\,(s, q, z)\} = A\,\frac{r}{q} + c_l\, w\, [\frac{q}{2} + \underbrace{s - r\overline{z}}_{\epsilon} + \frac{r}{2}\,\overline{z}\,] + (c_l + c_f) w\, \frac{r^2}{2q} \cdot D \tag{3.70}$$

Die erwarteten Gesamtkosten sind eine Funktion der Variablen s und q sowie der Zufallsgröße z. Damit ist die Abhängigkeit der Kosten sowohl vom Dispositionsproblem als auch von der Ablaufplanung definiert.

Der Einfluß der Entscheidungsvariablen s und q auf die Durchlaufzeitverteilung ist von grundlegender Bedeutung für die Lösung des Dispositionsproblems. Aufgrund der Komplexität der integrierten Problemstellung erscheint es jedoch unmöglich, den Einfluß der Dispositionsvariablen auf die Verteilung der Durchlaufzeiten exakt zu beschreiben. Daher wurde der Fertigungsablauf mit willkür-

[34] Siehe auch S. 44.

lichen Veränderungen des Bestellniveaus und der Losgrößen simuliert[35], um diesen Einfluß näherungsweise zu erfassen.

Die Abhängigkeit des Fertigungsablaufs von den Dispositionsvariablen zeigte sich dabei wie folgt. Einerseits wurde festgestellt, daß Veränderungen des Bestellniveaus ohne signifikanten Einfluß auf die Verteilung der Durchlaufzeiten sind[36]. Dieses Ergebnis erscheint plausibel, da nicht die Durchlaufzeiten einzelner Lose von Interesse sind, sondern die Verteilung der Durchlaufzeiten über einen längeren Zeitraum. Andererseits zeigte sich, daß bei Losgrößenveränderungen sowohl die Form als auch die Streuung der Durchlaufzeitverteilung näherungsweise erhalten bleibt. Es verschiebt sich lediglich der Mittelwert $\overline{z}$ auf der Merkmalachse, wie in Abb. 3.16 qualitativ dargestellt ist. (Siehe S. 64)

Daraus folgt, daß näherungsweise die Verteilung der Abweichungen $z_\nu - \overline{z}$ dispositionsunabhängig ist. Wird eine bestimmte Prioritätsregel für die Lösung des Reihenfolgeproblems gewählt und die Kapazitätsbelastung nicht verändert, so kann die Verteilung der losgrößenabhängigen Durchlaufzeiten z_ν in eine unveränderliche Verteilung der Abweichungen $z'_\nu = z_\nu - \overline{z}$ transformiert werden, vgl. Abb. 3.17. (Siehe S. 64)

Damit läßt sich der Ausdruck D als Funktion des Sicherheitsbestandes ϵ formulieren.

Mit $\epsilon = r\,(z_u - \overline{z})$ bzw. $z_u = \overline{z} + \epsilon/r$ ist

$$D = \sum_{\forall z_\nu > z_u} (z_\nu - z_u)^2\, f(z_\nu) = \sum_{\forall z'_\nu > \frac{\epsilon}{r}} (z'_\nu - \tfrac{\epsilon}{r})\, f(z'_\nu) \qquad (3.71)$$

Wenn angenommen werden kann, daß die mittlere Durchlaufzeit $\overline{z}$ der Losgröße q proportional ist, so daß die mittlere Produktionsrate $\overline{p} = q/\overline{z}$ konstant ist, dann lassen sich die erwarteten Gesamtkosten als Funktion der Losgröße und des Sicherheitsbestands angeben:

$$E\,\{K_{ges}\,(q, \epsilon)\} = A\,\frac{r}{q} + c_l\, w\, [\frac{q}{2}\,(1 + \frac{r}{\overline{p}}) + \epsilon] + (c_l + c_f)\, w\, \frac{r^2}{2q}\, D(\epsilon) \qquad (3.72)$$

Die Interdependenzen zwischen der Disposition und der Ablaufplanung werden in Gleichung (3.72) durch das Verhältnis $r/\overline{p}$ erfaßt. Je stärker die kapazitiven Beschränkungen sind, desto größer wird die mittlere Durchlaufzeit $\overline{z}$. Entsprechend verringert sich die mittlere Produktionsrate $\overline{p}$, so daß die erwarteten Zwischenlagerkosten $c_l\, w\, \frac{q}{2}\, \frac{r}{\overline{p}}$ ansteigen.

[35] Das Simulationsmodell wird in Abschnitt 3.4 detailliert beschrieben.

[36] Vgl. Abschnitt 5.4.2.

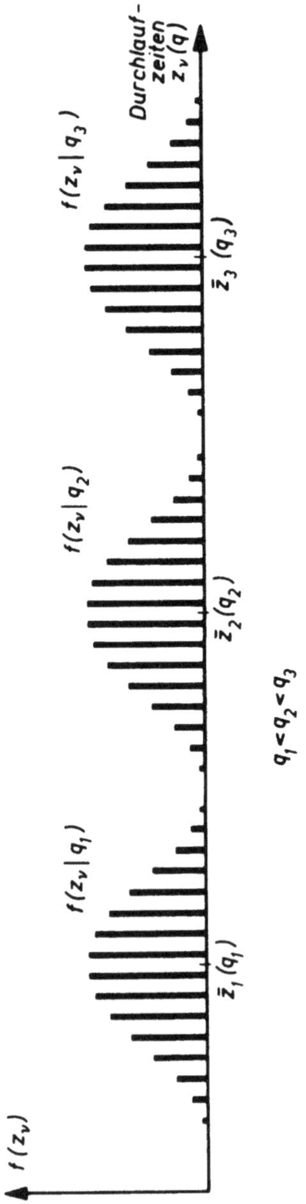

Abb. 3.16 Verteilung der Durchlaufzeit für verschiedene Losgrößen

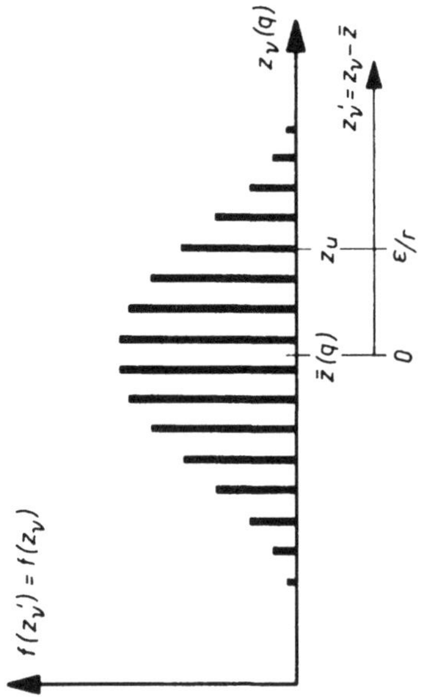

Abb. 3.17 Zusammenhang zwischen z_ν und z'_ν

Zunächst seien die optimalen Werte für q und ϵ unter der Voraussetzung $c_f \to \infty$ zu bestimmen.

Um Fehlmengen zu vermeiden, muß $\epsilon \geqslant r(z_{max} - \overline{z})$ gewählt werden. Für die erwarteten Gesamtkosten folgt aus Gleichung (3.72) mit Gleichung (3.71):

$$E(K_{ges}) = \begin{cases} A\frac{r}{q} + c_l\, w\left[\frac{q}{2}\left(1 + \frac{r}{\overline{p}}\right) + \epsilon\right]; & \epsilon \geqslant r(z_{max} - \overline{z}) \quad (3.73) \\ \infty & ; \epsilon < r(z_{max} - \overline{z}) \quad (3.74) \end{cases}$$

Für den optimalen Sicherheitsbestand erhält man unmittelbar $\epsilon_o = r(z_{max} - \overline{z})$, da ein größerer Sicherheitsbestand die Kosten nur unnötig erhöhen würde. Gleichung (3.73) ist wegen $\partial^2 \overline{K}_{ges}/\partial q^2 = 2Ar/q^3$ konvex bezüglich q [37], so daß die optimale Losgröße aus $\partial \overline{K}_{ges}/\partial q = 0$ zu berechnen ist:

$$q_o = \sqrt{\frac{2\,A\,r}{c_l\, w\left(1 + \frac{r}{\overline{p}}\right)}} \quad (3.75)$$

In Abb. 3.18 ist die Kostenfunktion (3.73) dargestellt. Es ist zu erkennen, daß der Sicherheitsbestand die Lage des Gesamtkostenminimums nicht beeinflußt, so daß die optimale Losgröße, wie formal aus Gleichung (3.75) hervorgeht, vom Sicherheitsbestand unabhängig ist.

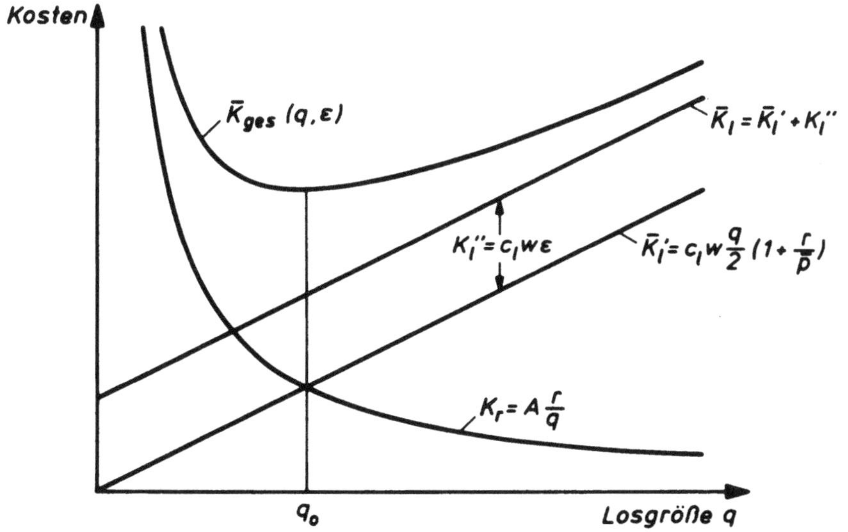

Abb. 3.18 Kosten entsprechend der Gleichung (3.73)

[37] Über konvexe Funktionen siehe [12, S. 77ff.].

Im allgemeinen Fall ist von endlichen Fehlmengenkosten auszugehen, und es sind die optimalen Werte für q und ϵ zu suchen, die die Kostenfunktion Gleichung (3.72) minimieren.

Im Bereich $0 \leqslant \frac{\epsilon}{r} < z_{max} - \overline{z}$ hat die Funktion (3.72) folgende Ableitungen zweiter Ordnung, wenn die identische Schreibweise $\overline{K}_{ges} \equiv E(K_{ges})$ gilt:

$$\overline{K}_{ges_{qq}} \equiv \frac{\partial^2 \overline{K}_{ges}}{\partial q^2} = \frac{2}{q^3} [A\, r + (c_l + c_f)\, w \frac{r^2}{2} D(\epsilon)] > 0 \tag{3.76}$$

$$\overline{K}_{ges_{\epsilon\epsilon}} \equiv \frac{\partial^2 \overline{K}_{ges}}{\partial \epsilon^2} = (c_l + c_f)\, w \frac{r}{q} \frac{1}{r} \sum_{\forall z_\nu > \epsilon/r} f(z'_\nu) > 0 \tag{3.77}$$

$$\overline{K}_{ges_{\epsilon q}} \equiv \frac{\partial}{\partial q} \frac{\partial \overline{K}_{ges}}{\partial \epsilon} = - \frac{1}{q^2} (c_l + c_f)\, w\, r \sum_{\forall z_\nu > \epsilon/r} (z'_\nu - \frac{\epsilon}{r}) f(z'_\nu) > 0 \tag{3.78}$$

$$\overline{K}_{ges_{q\epsilon}} \equiv \frac{\partial}{\partial \epsilon} \frac{\partial \overline{K}_{ges}}{\partial q} = \frac{r}{q^2} (c_l + c_f) w \sum_{\forall z'_\nu > \frac{\epsilon}{r}} (z'_\nu - \frac{\epsilon}{r}) f(z'_\nu) > 0 \tag{3.79}$$

Damit sind die Bedingungen für strenge Konvexität erfüllt [12, S. 80]:

(1) $\overline{K}_{ges_{qq}} > 0 \quad \overline{K}_{ges_{\epsilon\epsilon}} > 0$

(2) $\begin{vmatrix} \overline{K}_{ges_{qq}} & \overline{K}_{ges_{q\epsilon}} \\ \overline{K}_{ges_{\epsilon q}} & \overline{K}_{ges_{\epsilon\epsilon}} \end{vmatrix} > 0$

Die optimalen Werte für q und ϵ erhält man durch partielle Ableitung und Nullsetzen:

$$\frac{\partial \overline{K}_{ges}}{\partial q} = - \frac{1}{q^2} [A\, r + (c_l + c_f)\, w \frac{r^2}{2} D(\epsilon)] + \frac{c_l\, w}{2} (1 + \frac{r}{p}) = 0 \tag{3.80}$$

$$\frac{\partial \overline{K}_{ges}}{\partial \epsilon} = c_l\, w - (c_l + c_f)\, w \frac{r}{q} \sum_{\forall z'_\nu > \frac{\epsilon}{r}} (z'_\nu - \frac{\epsilon}{r})\, f(z'_\nu) = 0 \tag{3.81}$$

Daraus:

$$q_o = \sqrt{\frac{2\, r\, [A + (c_l + c_f)\, w \frac{r}{2} \sum_{\forall z_\nu > \epsilon_o/r} (z'_\nu - \epsilon_o/r)^2\, f(z'_\nu)]}{c_l\, w\, (1 + \frac{r}{p})}} \tag{3.82}$$

$$\epsilon_o = \frac{\frac{c_l}{c_l + c_f} q_o - r \sum_{\forall z'_\nu > \epsilon_o/r} z'_\nu\, f(z'_\nu)}{\sum_{\forall z'_\nu > \frac{\epsilon_o}{r}} f(z'_\nu)} \tag{3.83}$$

Das optimale Bestellniveau ergibt sich zu:

$$s_o = \epsilon_o + r\bar{z} \tag{3.84}$$

Die Gleichungen (3.82) und (3.83) implizieren eine optimale Lagerhaltungspolitik bei mehrstufiger Mehrproduktfertigung unter den nachstehend nochmals aufgeführten Voraussetzungen:

(1) Konstante Losgrößen im Zeitablauf
(2) Deterministische Nachfrage und konstante Absatzgeschwindigkeit
(3) Unbeschränkte Lagerkapazitäten
(4) Vernachlässigbare Werkstoffkosten $w_o \approx 0$
(5) Lineare Zunahme des bewerteten Zwischenlagerbestandes B_l^F über der Durchlaufzeit z
(6) Losgrößenproportionale mittlere Durchlaufzeit $\bar{z}$ bzw. losgrößenunabhängige mittlere Produktionsrate $\bar{p}$
(7) Beliebig verteilte Durchlaufzeiten mit der Eigenschaft, daß die auf den Erwartungswert $\bar{z}$ bezogenen Realisationen $z_\nu' = z_\nu - \bar{z}$ von den Entscheidungsvariablen q und s der Disposition unabhängig sind.

Bevor die Frage der Lösbarkeit des Gleichungssystems (3.82) und (3.83) diskutiert wird, soll die Abhängigkeit der erwarteten Gesamtkosten einer Produktart von der Losgröße und dem Bestellniveau anhand der Kostenfunktion (3.72) sowie den Abbildungen 3.19 und 3.20 interpretiert werden.

Wird dem Sicherheitsbestand ein fester Wert zugewiesen (ϵ = konst.), so sind die erwarteten Gesamtkosten nur noch eine Funktion der Losgröße. Die Rüstkosten $A\frac{r}{q}$ und die Lagerkosten $c_l\, w\, [\frac{q}{2}(1+\frac{r}{\bar{p}})]$ haben die aus der deterministischen Rechnung bekannte Form. Ferner stellt der Ausdruck $(c_l + c_f)\, w\, \frac{r^2}{2q} D(\epsilon)$ im wesentlichen die erwarteten Fehlmengenkosten dar, sofern $c_l \ll c_f$ bzw. $c_l + c_f \approx c_f$ gilt. Wird die additive Konstante $c_l w \epsilon$ aus der Betrachtung ausgeschlossen, so gilt der in Abb. 3.19 dargestellte Zusammenhang. Bei einem konstanten Sicherheitsbestand haben die Kosten $(c_l + c_f)\, w\, \frac{r^2}{2q} D\, (\epsilon = \text{konst.})$ ebenso wie die Rüstkosten einen hyperbolischen Verlauf über der Losgröße. Demnach wird durch die optimale Losgröße im wesentlichen der Ausgleich zwischen den Rüstkosten, den Lagerkosten mit Ausnahme der losgrößenunabhängigen Sicherheitsbestandskosten $c_l w \epsilon$ und den erwarteten Fehlmengenkosten hergestellt. Verschieden hohe Sicherheitsbestände führen zu einer Schar von gleichseitigen Hyperbeln. Daraus erkennt man, daß im Unterschied zu Abb. 3.18 die Lage des Gesamtkostenminimums und damit der optimalen Losgröße durch den Sicherheitsbestand beeinflußt wird. Formal ist dieser Zusammenhang auch aus den Gleichungen (3.80) und (3.82) zu entnehmen.

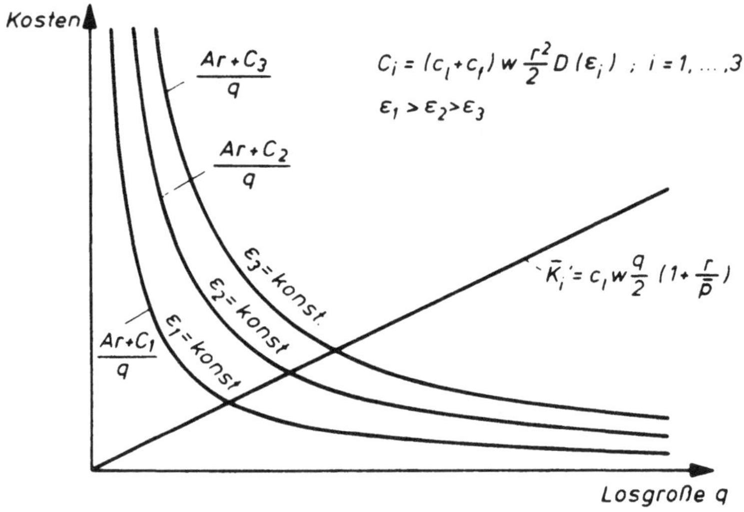

Abb. 3.19 Losgrößenabhängige Kosten bei parametrischer Veränderung des Sicherheitsbestandes

Bei festgehaltener Losgröße q sind die erwarteten Gesamtkosten nur noch eine Funktion des Sicherheitsbestandes. Aus Gleichung (3.72) entnimmt man, daß mit wachsendem Sicherheitsbestand die Lagerkosten wegen $K' = c_l w\epsilon$ linear ansteigen. Gleichzeitig vermindert sich der Kostenanteil $(c_l + c_f)w\frac{r^2}{2q} D(\epsilon)$, da die Wahrscheinlichkeit für das Auftreten von Fehlmengen abnimmt. In Abb. 3.20 ist der Verlauf der sicherheitsbestandsabhängigen Kosten bei parametrischer Veränderung der Losgröße angegeben. Man erkennt, daß sich wegen $K'' \sim \frac{1}{q}$ die Kurve $K'' = (c_l + c_f)\, w \frac{r^2}{2q} D(\epsilon)$ mit sinkendem q in den Bereich höherer Kosten verschiebt. Die anschauliche Begründung hierfür liegt darin, daß bei sinkender Losgröße die Häufigkeit zunimmt, mit der die je Auflegung erwarteten Kosten $(c_l + c_f)\, w \frac{r}{2} D(\epsilon)$ auftreten. Aus den Verläufen K''_1, K''_2 und K''_3 ist zu schließen, daß das Minimum der Kosten $K' + K''$ (q = konst.) für verschiedene Losgrößen $q_1 > q_2 > q_3$ bei unterschiedlichen Werten des Sicherheitsbestandes $\epsilon_{o_1} < \epsilon_{o_2} < \epsilon_{o_3}$ liegt.

Es erübrigt sich, nach einer geschlossenen Lösung des Gleichungssystems (3.82) und (3.83) zu suchen, da der Wertebereich des optimalen Sicherheitsbestandes erheblich eingeschränkt ist. Als oberer Grenze gilt wie bei einem unendlich hohen Fehlmengenkostensatz der Wert $\epsilon_{max} = r(z_{max} - \overline{z})$. Ferner ist im Bereich $\epsilon < r(z_{max} - \overline{z})$ nur eine beschränkte Anzahl von diskreten Werten zulässig, da die Vorlaufzeit z_u ein ganzzahliges Vielfaches der Periodenlänge Δt betra-

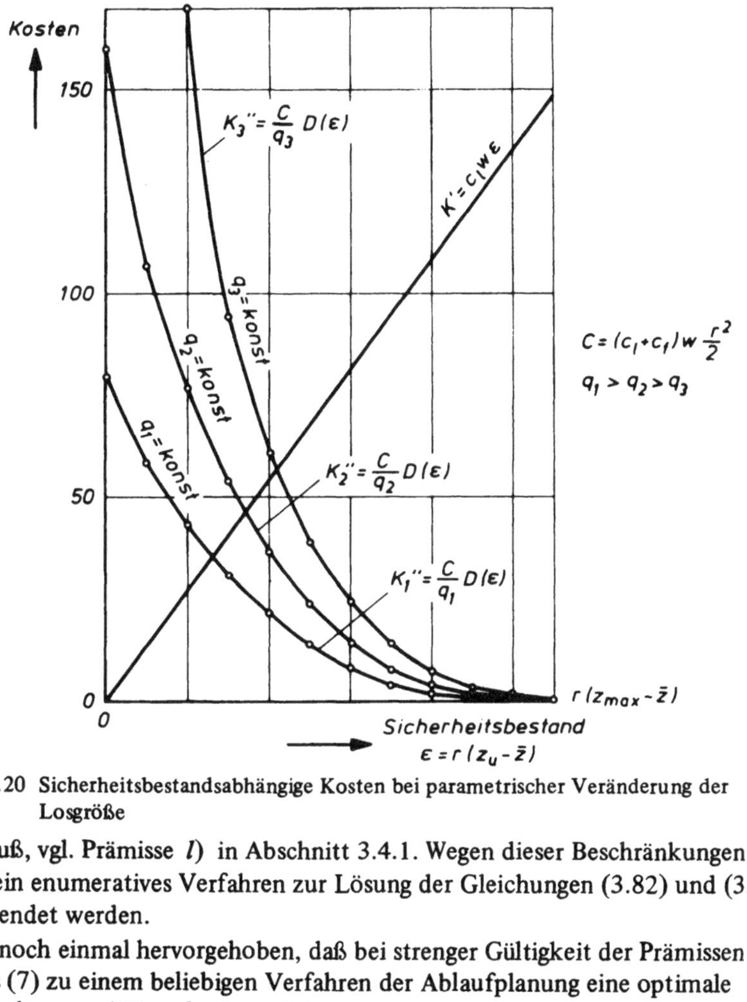

Abb. 3.20 Sicherheitsbestandsabhängige Kosten bei parametrischer Veränderung der Losgröße

gen muß, vgl. Prämisse *l*) in Abschnitt 3.4.1. Wegen dieser Beschränkungen kann ein enumeratives Verfahren zur Lösung der Gleichungen (3.82) und (3.83) angewendet werden.

Es sei noch einmal hervorgehoben, daß bei strenger Gültigkeit der Prämissen (1) bis (7) zu einem beliebigen Verfahren der Ablaufplanung eine optimale Lagerhaltungspolitik gefunden wird.

Wird in diesem Fall zunächst das Problem der Ablaufplanung ausgeklammert, so sind die mittlere Produktionsrate $\overline{p}$ und die Verteilung der Durchlaufzeit z' als bekannt vorauszusetzen. Es lassen sich dann die Losgröße und der Sicherheitsbestand für jedes Produkt mit Hilfe eines Algorithmus berechnen, der aus folgenden Schritten besteht:

Schritt 1: Berechnung der Losgröße unter der vereinfachenden Annahme $D(\epsilon) = 0$:

$$q = \sqrt{\frac{2\,A\,r}{c_l\,w\,(1 + \frac{r}{\overline{p}})}}$$

Schritt 2: Enumerative Bestimmung des Sicherheitsbestandes ϵ so, daß die Kosten

$$K' + K'' = c_l\, w\, \epsilon + (c_l + c_f)\, w \frac{r^2}{2q} D(\epsilon)$$

minimiert werden. Für $\epsilon < r(z_{max} - \overline{z})$ ist mit Schritt 3 fortzufahren, ansonsten ist zu 6 überzugehen.

Schritt 3: Modifizierung der Losgröße:

$$q = \sqrt{\frac{2\, r\, [A + (c_l + c_f) w \frac{r}{2} D(\epsilon)]}{c_l\, w\, (1 + r/\overline{p})}}$$

Schritt 4: Neuberechnung des Sicherheitsbestandes ϵ in Abhängigkeit von der modifizierten Losgröße.

Schritt 5: Vergleich: Wenn die in den Schritten 3 und 4 berechneten Sicherheitsbestände übereinstimmen, so ist zu Schritt 6 überzugehen, ansonsten ist mit 3 fortzufahren.

Schritt 6: Die berechnete Losgröße und der Sicherheitsbestand sind optimal. Das optimale Bestellniveau ist nach Gleichung (3.84) zu bestimmen.

Bei Einbeziehung der Ablaufplanung ist von unbekannten $\overline{p}$ und z' auszugehen. Entsprechend der zugrunde gelegten Lösungskonzeption[38] wäre der Algorithmus folgendermaßen zu erweitern:

Man hätte die Losgrößenrechnung in Schritt 1 mit einem Schätzwert für $\overline{p}$ durchzuführen. Anschließend wäre der Fertigungsablauf mit den für alle Produkte isoliert berechneten Losgrößen sowie Schätzwerten für die Sicherheitsbestände zu simulieren. Die weitere Berechnung nach den Schritten 2 bis 6 hätte wiederum für alle Produkte getrennt zu erfolgen.

Wenn das Prämissensystem (1) bis (7) nicht streng erfüllt ist, so gelten die funktionalen Zusammenhänge in der Kostengleichung (3.72) nicht exakt. Abweichungen können sich allerdings nur bei den Prämissen (4) bis (7) ergeben, da (1) bis (3) nach Voraussetzung erfüllt sind. Sofern die Bedingungen (4) und (5) verletzt sind, wäre der Ansatz für die Zwischenlagerkosten zu modifizieren, wie prinzipiell in Abschnitt 3.3.3.1 dargestellt wurde. Als strengste Bedingung ist die Prämisse (7) anzusehen, die eine Aussage über die Interdependenz zwischen der Disposition und dem Fertigungsablauf beinhaltet. Das im Rahmen dieser Untersuchungen entwickelte Fertigungsmodell (vgl. Abschnitt 3.4) erfüllt die Bedingung (7) nur näherungsweise, vgl. S. 63. Die Kostengleichung (3.72) hat deshalb nur Näherungscharakter, so daß die nach den Gleichungen (3.82) und (3.83) berechneten Entscheidungswerte nicht im strengen Sinne optimal sind.

[38] Vgl. Abschnitt 3.2.

Diese Einschränkung hat auch einen wesentlichen algorithmischen Aspekt, denn wie man den Gleichungen (3.68) und (3.69) entnimmt, können schon geringe Veränderungen im oberen Bereich der Durchlaufzeitverteilung die Fehlmengenkosten stark beeinflussen. Daher erscheint es notwendig, im Anschluß an die Losgrößen- und Bestellpunktrechnung den Fertigungsablauf erneut zu simulieren, um Veränderungen in den Durchlaufzeitverteilungen der Produkte festzustellen und Losgrößen sowie Sicherheitsbestände entsprechend korrigieren zu können. Infolge dieser Rückkopplungsbedingung ist ein Iterationsverfahren der Disposition und Ablaufsimulation anzuwenden, und es wird folgender Algorithmus vorgeschlagen (Dispositionsverfahren 3):

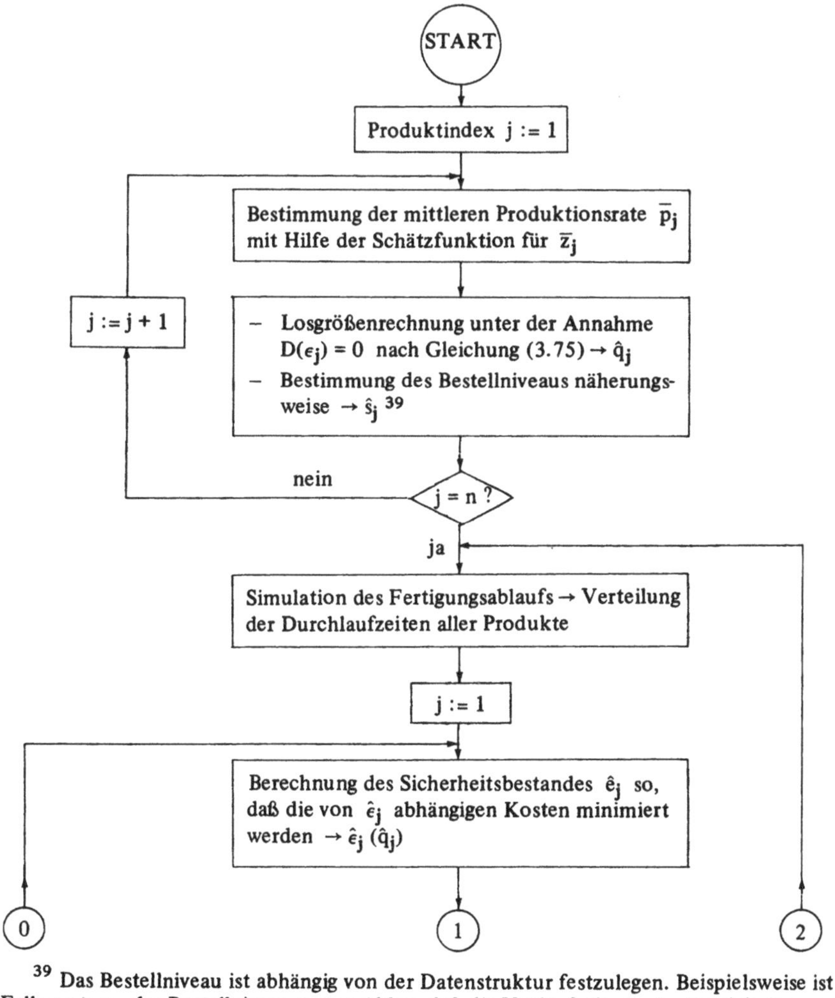

[39] Das Bestellniveau ist abhängig von der Datenstruktur festzulegen. Beispielsweise ist im Falle $c_f \gg c_l$ das Bestellniveau so zu wählen, daß die Vorlaufzeit z_u im Bereich der maximalen Durchlaufzeit liegt.

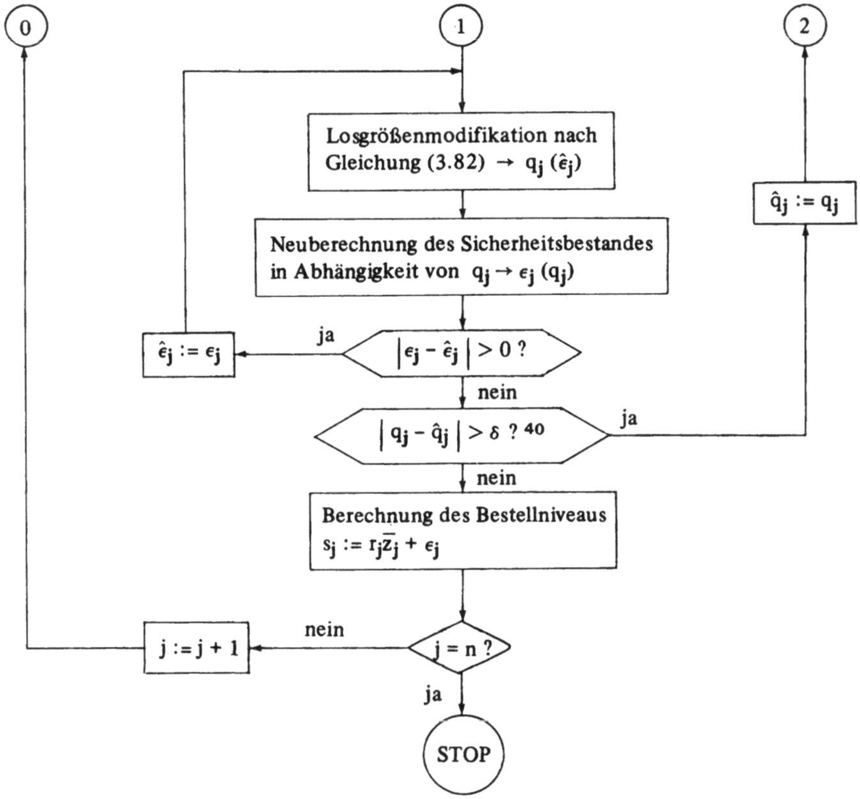

Im Grenzfall $c_f \to \infty$ liefert der Algorithmus $\epsilon = r(z_{max} - \bar{z})$, und wegen der übereinstimmenden Beziehungen (3.75) und (3.82) ergibt sich $q_j = \hat{q}_j$, so daß der Fertigungsablauf nur einmal simuliert werden muß. Dagegen ist bei einem endlichen Fehlmengenkostensatz zu erwarten, daß eine Losgrößenmodifikation nach Gleichung (3.82) zu einer Abweichung $|q_j - \hat{q}_j| > \delta$ führt. Entsprechend der Flußdiagrammdarstellung müssen dann der Fertigungsablauf erneut simuliert und die Losgrößen- und Sicherheitsbestandsrechnung neu durchgeführt werden. Je nach Datenstruktur kann eine mehrfache Iteration erforderlich sein. Allerdings hat sich bei den Simulationstests auch für sehr ungünstige Datenkonstellationen eine rasche Konvergenz des Verfahrens gezeigt.

[40] Der Wert $\delta \geqslant 0$, bei dessen Erreichen bzw. Unterschreitung die iterative Losgrößen- und Sicherheitsbestandsrechnung abgebrochen wird, ist extern vorzugeben. Vom theoretischen Standpunkt ist $\delta = 0$ zu setzen, für praktische Anwendungsfälle kann δ so groß gewählt werden, daß der Einfluß des Mengenunterschiedes $q_j - \hat{q}_j$ auf die erwarteten Gesamtkosten vernachlässigbar bleibt.

Der Rechenaufwand des Verfahrens wächst mit der Anzahl der erforderlichen Iterationsschritte. Er kann reduziert werden, wenn im Falle $c_f/c_l \gg 1$ der Einfluß des Sicherheitsbestandes auf die Losdimensionierung vernachlässigt werden darf. Dieser Fall wird im folgenden Abschnitt behandelt.

3.3.6.3 Separate Losgrößen- und Bestellpunktrechnung durch Anpassung des Sicherheitsbestandes (Dispositionsverfahren 4)

Es wird angenommen, daß der Fehlmengenkostensatz wesentlich größer ist als der Lagerkostensatz, $c_f/c_l \gg 1$[41]. Dann gilt näherungsweise $D(\epsilon) \approx 0$. Die Kostenfunktion (3.72) geht in Gleichung (3.73) über, und die Losgröße, die nicht mehr als streng optimal zu bezeichnen ist, da Gleichung (3.73) nur eine Näherung darstellt, ist nach Gleichung (3.75) zu berechnen.

Bei dieser Vorgehensweise wird unterstellt, daß die je Auflegung erwarteten Fehlmengenkosten gegenüber den Rüstkosten zu vernachlässigen sind. Diesen Zusammenhang erkennt man aus Gleichung (3.82), wenn für $c_l + c_f \approx c_f$ gesetzt wird. Bei den Simulationen hat sich gezeigt, daß für $c_f/c_l = 100$ bei angenähert optimalen Sicherheitsbeständen die Fehlmengenkosten nur 3 bis 5 Prozent der Rüstkosten betragen. Der Einfluß des Kostenanteils $(c_l + c_f)\, w\, \frac{r}{2}\, D(\epsilon)$ auf die Losdimensionierung beträgt daher maximal nur ca. 2,5 Prozent und ist im Rahmen einer Näherungsrechnung zu vernachlässigen.

Da in dem Ansatz nach Gleichung (3.75) die Losdimensionierung vom Sicherheitsbestand unabhängig ist, können die Dispositionsvariablen separat voneinander bestimmt werden. Dazu ist der auf S. 71 f. dargestellte Algorithmus folgendermaßen abzuwandeln. (Siehe S. 74)

Wenn in der ersten Iteration die mittleren Durchlaufzeiten $\bar{z}_j$ durch $\hat{z}_j$ hinreichend genau geschätzt werden, so erfolgt der Rechenablauf ohne Verzweigung mit einmaliger Simulation des Fertigungsablaufs. Dieser Fall ließ sich bei den Simulationsuntersuchungen nur selten realisieren, da die Auswirkung der Prioritätsregeln auf die Parameter der Durchlaufzeitverteilungen nur ungenau abzuschätzen war. Deshalb wurde die in dem Flußdiagramm angegebene Schleife bei den Simulationen mehrfach durchlaufen. Im Gegensatz zu der simultanen Losgrößen- und Bestellpunktrechnung interessieren in dieser Phase der Berechnung jedoch nur die Werte $\bar{z}_j$, und die Sicherheitsbestandsrechnung wird nicht durchgeführt. Der Rechenaufwand ist deshalb im Vergleich zur simultanen Berechnung der Werte (q, ϵ) wesentlich geringer.

[41] Diese Annahme ist allgemein üblich und bedeutet daher keine wesentliche Einschränkung.

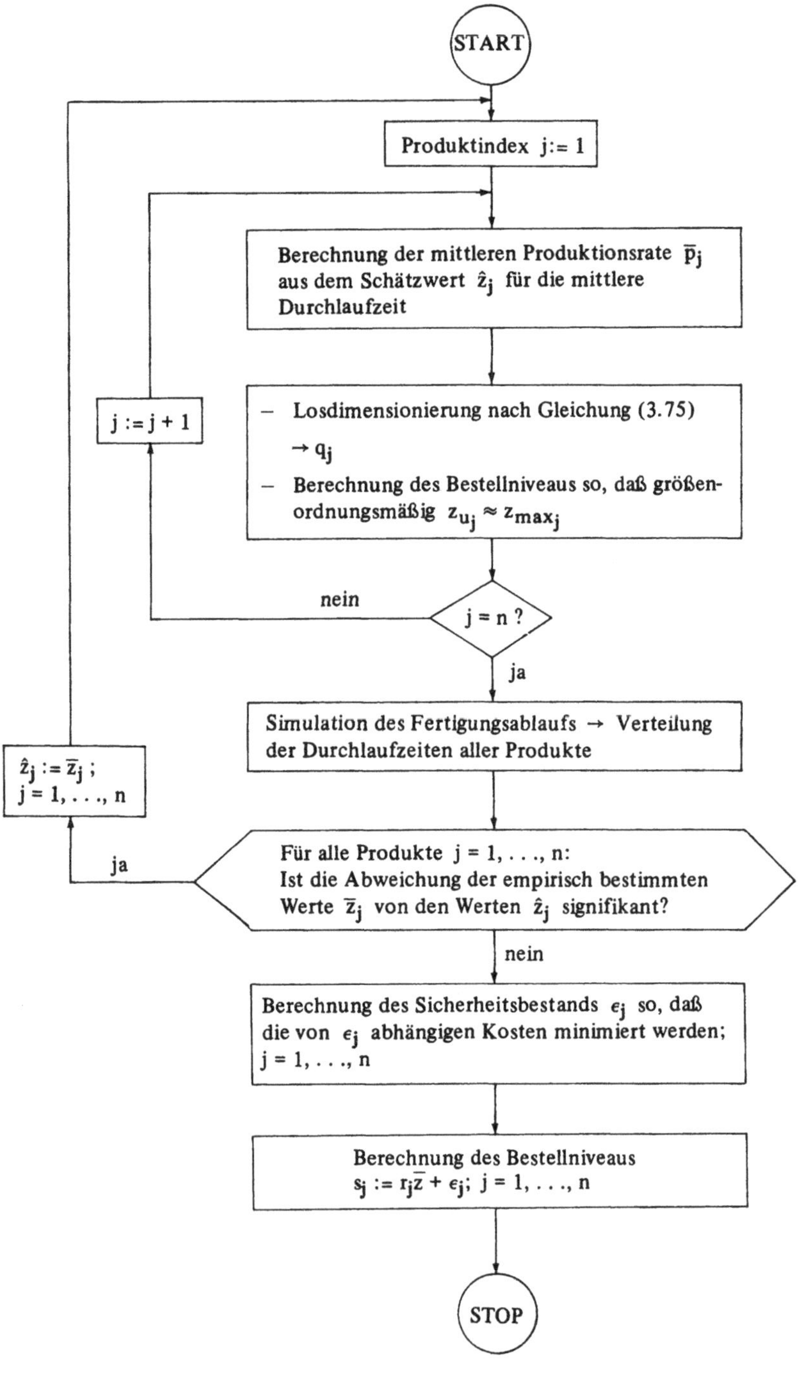
START
Produktindex j:= 1
Berechnung der mittleren Produktionsrate $\overline{p}_j$ aus dem Schätzwert $\hat{z}_j$ für die mittlere Durchlaufzeit
j := j + 1
– Losdimensionierung nach Gleichung (3.75) $\rightarrow q_j$
– Berechnung des Bestellniveaus so, daß größenordnungsmäßig $z_{u_j} \approx z_{max_j}$
nein
j = n ?
ja
Simulation des Fertigungsablaufs → Verteilung der Durchlaufzeiten aller Produkte
$\hat{z}_j := \overline{z}_j$; j = 1, . . ., n
ja
Für alle Produkte j = 1, . . ., n: Ist die Abweichung der empirisch bestimmten Werte $\overline{z}_j$ von den Werten $\hat{z}_j$ signifikant?
nein
Berechnung des Sicherheitsbestands ϵ_j so, daß die von ϵ_j abhängigen Kosten minimiert werden; j = 1, . . ., n
Berechnung des Bestellniveaus $s_j := r_j\overline{z} + \epsilon_j$; j = 1, . . ., n
STOP

3.4 Das Simulationsmodell des Fertigungsablaufs

3.4.1 Modellprämissen

Der mehrstufige Fertigungsprozeß wird durch ein Netzwerk von Warteschlangensystemen dargestellt, wobei folgende Annahmen zugrunde gelegt werden:

a) *Annahmen über die Fertigungsstufen*

Jede Fertigungsstufe besteht aus einer oder mehreren gleichartigen Maschinen, die nach dem Werkstattprinzip zu einer Maschinengruppe zusammengefaßt sind. In warteschlangentheoretischer Sicht bildet jede Stufe ein System mit einer oder mehreren parallelen Bedienungsstationen und einer gemeinsamen Warteschlange.

b) *Netzwerkstruktur und Fertigungsprinzip*

Die Netzwerkstruktur der Fertigung (Werkstatt) ist durch die Maschinenübergänge festgelegt. Diese ergeben sich aus den Maschinenfolgen der Produkte und sind damit Bestandteil der Eingabedaten, vgl. Abschnitt 4.2.3. Die Netzwerkstruktur, die kennzeichnend für die Werkstattfertigung ist, wird durch unterschiedliche Durchlaufrichtungen der Produkte erzeugt. Wenn die Maschinengruppen von allen Produkten in gleicher Richtung durchlaufen werden, liegt das Prinzip der „Fließfertigung" vor, und die Netzwerkstruktur entartet zu einer linearen Struktur.

c) *Die Bestimmungsgrößen des Ankunftsprozesses*

Die Ankunft der Fertigungslose in einer Maschinengruppe erfolgt entweder von außerhalb der Werkstatt oder von einer anderen Maschinengruppe aus. Der Ankunftsprozeß einer Maschinengruppe, der durch die Zwischenankunftszeitverteilung, d. h. die „Verteilung der Zeitspannen zwischen zwei aufeinanderfolgenden Ankünften" [72, S. 11] definiert ist, wird durch drei Einflußgrößen bestimmt, und zwar durch

c 1) die Einsteuerungszeitpunkte der Lose als Ergebnis der Lagerdisposition,
c 2) die Maschinenfolgen der Produkte,
c 3) den Abfertigungsprozeß in den Stufen, die vor Erreichen der betrachteten Stufe von den Losen zu durchlaufen sind.

d) *Der Abfertigungsprozeß*

Der Abfertigungsprozeß einer Maschinengruppe ist durch die Operationszeitverteilung der die Gruppe durchlaufenden Lose definiert. Die Operationszeiten setzen sich aus Rüstzeiten und Ausführungszeiten[42] zusammen. Rüst- und Stückzeiten der Produkte sind zufallsverteilt[43], für verschiedene Lose dessel-

[42] Vgl. S. 33.

[43] Vgl. Abschnitt 4.2.2.

ben Produktes jedoch konstant. Die Losgrößen und damit die Operationszeiten sind bei der Ankunft der Lose in der Fertigung bekannt. Die Operationszeitverteilung einer Maschinengruppe ist demnach abhängig von

d 1) den Verteilungen der Rüst- und Stückzeiten

d 2) den Losgrößen als Ergebnis der Lagerdisposition.

e) *Reihenfolge der Losbearbeitung in den Maschinengruppen*

Wenn sich im Warteraum vor einer Maschinengruppe mehr als eine Einheit (Los) befindet (Warteschlangensituation), so wird die Reihenfolge der Bearbeitung mit Hilfe einer Prioritätsregel festgelegt. Die Wahl der Prioritätsregel ist als Variable des Fertigungsmodells anzusehen.

f) *Übergangszeiten zwischen den Fertigungsstufen*

Wartezeiten nach der Bearbeitung sowie Transportzeiten werden berücksichtigt, s. Abschnitte 3.3.4.2 und 3.4.2.

g) *Überlappung und Losteilung*

Überlappte Bearbeitung in den Fertigungsstufen und Teilung der Lose [37, S. 91] (splitting) wird nicht zugelassen. Die Lose werden als geschlossene Einheiten in den Stufen bearbeitet und zwischen den Operationen befördert[44]. Diese Annahme ist bei Werkstattfertigung üblich.

h) *Anfangszustand der Werkstatt*

Der Zustand der Werkstatt ist durch die Zustände der Betriebsmittel (Maschinen) sowie durch die Bestände in den Zwischenlägern (Warteräume vor und hinter den Maschinengruppen) und im Fertiglager definiert. Die Fertiglagerbestände zum Zeitpunkt $t = 0$ werden mit den Eingabedaten eingelesen, die Zustände der Warteschlangen und Betriebsmittel werden durch Simulation erzeugt, vgl. Abschnitt 5.2.2.

i) *Gleichzeitigkeitsbedingungen*

i 1) Jede Maschine kann nur ein Los gleichzeitig bearbeiten.

i 2) Jeder Auftrag kann gleichzeitig nur auf einer Maschine bearbeitet werden, was der Bedingung unzulässiger Überlappung und Teilung äquivalent ist (s. Prämisse g)).

j) *Ausschluß von Unterbrechungen*

Eine begonnene Operation wird ohne Unterbrechung durch Störungen oder einen vorrangigen Auftrag durchgeführt[45]. Demnach können zwei aufeinander folgende Operationen nicht dieselbe Maschinengruppe belasten.

[44] Dies entspricht dem „zeitpunktgeballten Produktausstoß", s. S. 14.

[45] Prioritätsregeln vom Typ „preemptive" werden nicht zugelassen, siehe dazu [15, S. 23].

k) *Unmittelbarer Operationsbeginn*

Ist eine Maschine betriebsbereit und ein wartender Auftrag vorhanden, so wird die Bearbeitung unverzüglich begonnen, um vermeidbare Warte- bzw. Leerzeiten auszuschließen.

l) *Einsteuerung der Lose*

Der Einsteuerungszeitpunkt des ersten Loses eines Produkts ergibt sich in Abhängigkeit vom Anfangsbestand im Endlager und dem Bestellniveau. Die folgenden Lose werden in jeweils äquidistanten Zeitabständen eingesteuert. Wenn ein Einsteuerungszeitpunkt in das Zeitintervall einer Periode fällt, so wird der Zeitpunkt der Einsteuerung auf den Periodenanfang festgelegt. Daraus folgt, daß die Durchlaufzeit immer ein ganzzahliges Vielfaches der Periodenlänge beträgt.

3.4.2 Planungszeitraum und Methode der Zeitführung

Wie in Kapitel 3.3.4.2 angegeben, wird der Planungszeitraum T in diskrete Zeitperioden von konstanter Länge unterteilt. Die obere Intervallgrenze einer Zeitperiode i wird nicht eingeschlossen. Damit ergibt sich T als eine endliche Folge von halboffenen Teilzeitintervallen $[t_{i-1}, t_i)$; $i = 1, \ldots, n-1$ und einem abgeschlossenen Intervall $[t_{n-1}, t_n]$[46]:

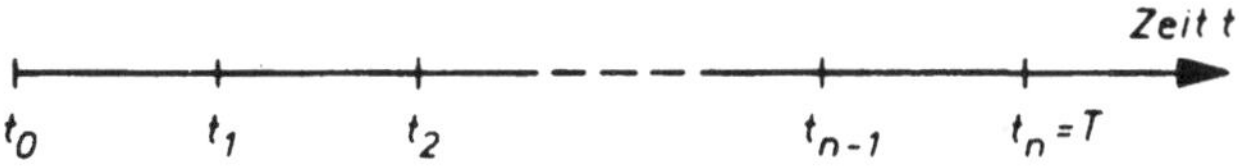

Abb. 3.21 Planungszeitraum

Als elementare Zeiteinheit wird für das Modell eine Minute gewählt. Die Periodenlänge Δt (Länge eines Teilzeitintervalls) ist bei den Simulationen als ganzzahliges Vielfaches der elementaren Zeiteinheit bestimmbar und beträgt im Hinblick auf praxisorientierte Problemstellungen normalerweise 480 min (gleich ein Tag bei Normalkapazität). Die Periodenlänge ist als Systemparameter des Werkstattmodells anzusehen, da durch sie der Übergang zwischen den Maschinengruppen festgelegt wird[47].

Aus der Einteilung des Planungszeitraums in Zeitperioden gleicher Länge ergibt sich für das Simulationsmodell, daß nach der Methode konstanter Zeitinkremente vorzugehen ist [52, S. 19]. Dabei wird während des Simulationsablaufs das Eintreten der möglichen Ereignisse in äquidistanten Zeitintervallen von jeweils einer Periodenlänge untersucht. Aufgrund der Komplexität des Modells erscheint dieses Verfahren in bezug auf den Rechenaufwand günstiger als das Verfahren variabler Zeitinkremente.

[46] S. auch [62, S. 4].

[47] Vgl. Abschnitt 3.3.4.2.

3.4.3 Prioritätsregeln zur Lösung des Reihenfolgeproblems

Bei der Auswahl der Prioritätsregeln ist von den bekannten Simulationsergebnissen früherer Untersuchungen auszugehen, vgl. Abschnitt 2.2. Wegen der tendenziell übereinstimmenden Ergebnisse kann darauf verzichtet werden, eine Vielzahl unterschiedlicher Regeln zu testen.

Die Priorität V_{ij} des Vorgangs i von Los j sei eine unbeschränkte Variable, $V_{ij} \gtreqless 0$. Zur Vereinfachung des Rechenablaufs wird angenommen, daß die Dringlichkeit eines Vorgangs mit abnehmender Priorität wächst [vgl. auch 14, S. 13].

Zur Untersuchung des Modellverhaltens sollen fünf elementare Prioritätsregeln eingesetzt werden, die auch in anderen Modellen sehr häufig verwendet wurden. Darauf aufbauend sind zwei kombinierte Regeln zu entwickeln, in denen Operations- und Schlupfzeiten sowie Annahmen über die zulässigen Wartezeiten verknüpft werden.

3.4.3.1 Elementare Prioritätsregeln

Folgende Elementarregeln werden untersucht:

a) *KOZ-Regel* (Kürzeste-Operationszeit-Regel)
Die Priorität ist gleich der Operationszeit des Arbeitsvorgangs:

$$V_{ij} = b_{ij} .$$

b) *LOZ*-Regel (Längste-Operationszeit-Regel)
Die Priorität eines Arbeitsvorgangs ist der Operationszeit umgekehrt proportional:

$$V_{ij} = 1/b_{ij} .$$

c) *FCFS-Regel* (first come, first served)
Prioritäten werden nicht berechnet. Die Reihenfolge der Abfertigung ist mit der Reihenfolge der Ankunft identisch.

d) *SL-Regel* (slack-time-Regel)
Die Schlupfzeit SL_{ij} eines Loses j in Stufe i ist gleich der Zeitdifferenz zwischen dem vorgegebenen Endtermin des Loses und dem frühest möglichen Endtermin, der sich bei unbeschränkten Kapazitäten ergeben würde. Bei der SL-Regel ist die Priorität der Schlupfzeit gleich:

$$V_{ij} = SL_{ij} = t_{o_j} + z_{u_j} - t_a - \sum_{\forall k \in K} (b_{kj} + ü_{kj})$$

mit t_{o_j} – Einsteuerungszeitpunkt des Loses j
z_{uj} – Vorlaufzeit des Loses j
t_a – Zeitpunkt der Prioritätsberechnung

b_{kj} – Operationszeit des Loses j in Stufe k
$ü_{kj}$ – Übergangszeit des Loses j zwischen Stufe k und k + 1
K – Indexmenge der an Los j noch nicht ausgeführten Operationen

e) *(Statische) Wertregel*
Die Priorität V_{ij} ist dem Endwert des Loses proportional:

$$V_{ij} = q_j w_j$$

Da aus rechentechnischen Gründen die Dringlichkeit eines Loses mit steigender Prioritätszahl abnehmen soll, entspricht diese Definition der Umkehrung der in anderen Untersuchungen häufig verwendeten statischen Wertregel [37, S.163].

3.4.3.2 Kombinierte Prioritätsregeln

Es werden zwei kombinierte Regeln untersucht:

a) *K-SL-Regel ohne Wartezeitbeschränkung*
Bei der Berechnung von V_{ij} werden die Operationszeit b_{ij} und die Schlupfzeit SL_{ij} alternativ verknüpft:

$$V_{ij} = \begin{cases} b_{ij} & ; SL_{ij} \geqslant 0 \\ SL_{ij} & ; SL_{ij} < 0 \end{cases}$$

b) *K-SL-Regel mit Wartezeitbeschränkung*
Beim Einsatz der K-SL-Regel ohne Beschränkung der Wartezeit kann nicht verhindert werden, daß einzelne Lose in den ersten Bearbeitungsstufen mit großen Verzögerungen abgefertigt werden, wenn die Operationszeiten vergleichsweise groß sind. Im Extremfall wird in der ersten Stufe die gesamte Schlupfzeit eines Loses aufgebraucht, bevor der Schlupfzeit- bzw. Verspätungsanteil der Prioritätsregel wirksam wird. Um dies zu verhindern, wird die maximal zulässige Verzögerung in den Fertigungsstufen beschränkt. Wenn die zulässige Wartezeit mit w_{zul} bezeichnet wird, so gilt

$$V_{ij} = \begin{cases} b_{ij} & ; SL_{ij} \geqslant 0 \ \wedge \ t_a - t_{ij} \leqslant w_{zul} \\ SL_{ij} & ; SL_{ij} < 0 \ \wedge \ t_a - t_{ij} \leqslant w_{zul} \\ \text{Min}\ \{SL_{ij}, (t_{ij} - t_a)\} & ; t_a - t_{ij} > w_{zul} \end{cases}$$

mit t_{ij} – Ankunftszeitpunkt des Loses j in Stufe i
$\wedge$ – Logisches „UND“

3.4.4 Darstellung des Fertigungsablaufs

Zunächst sind noch einige Größen des Werkstattmodells mit ihren Symbolen einzuführen:

- k Index der Maschinengruppe mit $1 \leqslant k \leqslant m$ [48]
- n_k Anzahl gleichartiger Maschinen in Maschinengruppe k
- h_j Hilfsgröße, die angibt, welcher Arbeitsvorgang des aktuellen Loses von Produkt j einzulasten ist
- α_j Ankunftszeit (ready-time, arrival-time) des Loses j in der Fertigung. Zu diesem Zeitpunkt kann die Bearbeitung des ersten Arbeitsvorgangs frühestens beginnen
- λ_j Lieferzeit (due-date) des Loses j
- m_{ij} Belastungsart (identification number), welche die Maschinengruppe bezeichnet, in der die i-te Operation des Loses j auszuführen ist
- $\mathbf{M}_j$ Maschinenfolgevektor (facility sequencing, routing) des Produktes j, dessen Komponenten (Belastungsarten) die Reihenfolge definieren, in der die Lose von Produkt j die Fertigung durchlaufen

  $\mathbf{M}_j = \{m_{ij}\}; \quad i = 1, \ldots, l_j$

Die Ankunftszeiten α_j und die Lieferzeiten λ_j sind Ergebnisgrößen des Entscheidungsmodells und damit Eingangsdaten des Fertigungsmodells.

Der Fertigungsablauf wird durch das folgende, grob strukturierte Ablaufdiagramm dargestellt:

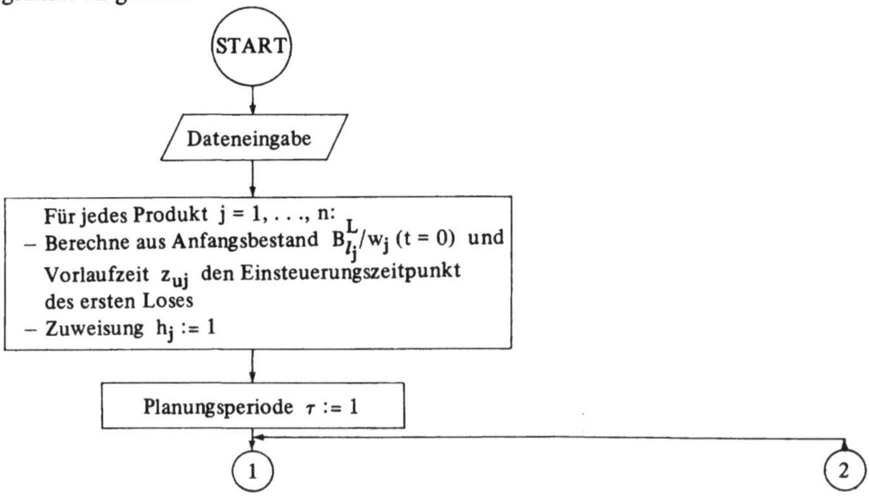

[48] In dem Modell wird die maximale Anzahl der von einem Produkt zu durchlaufenden Fertigungsstufen mit der Anzahl der vorhandenen Maschinengruppen gleichgesetzt.

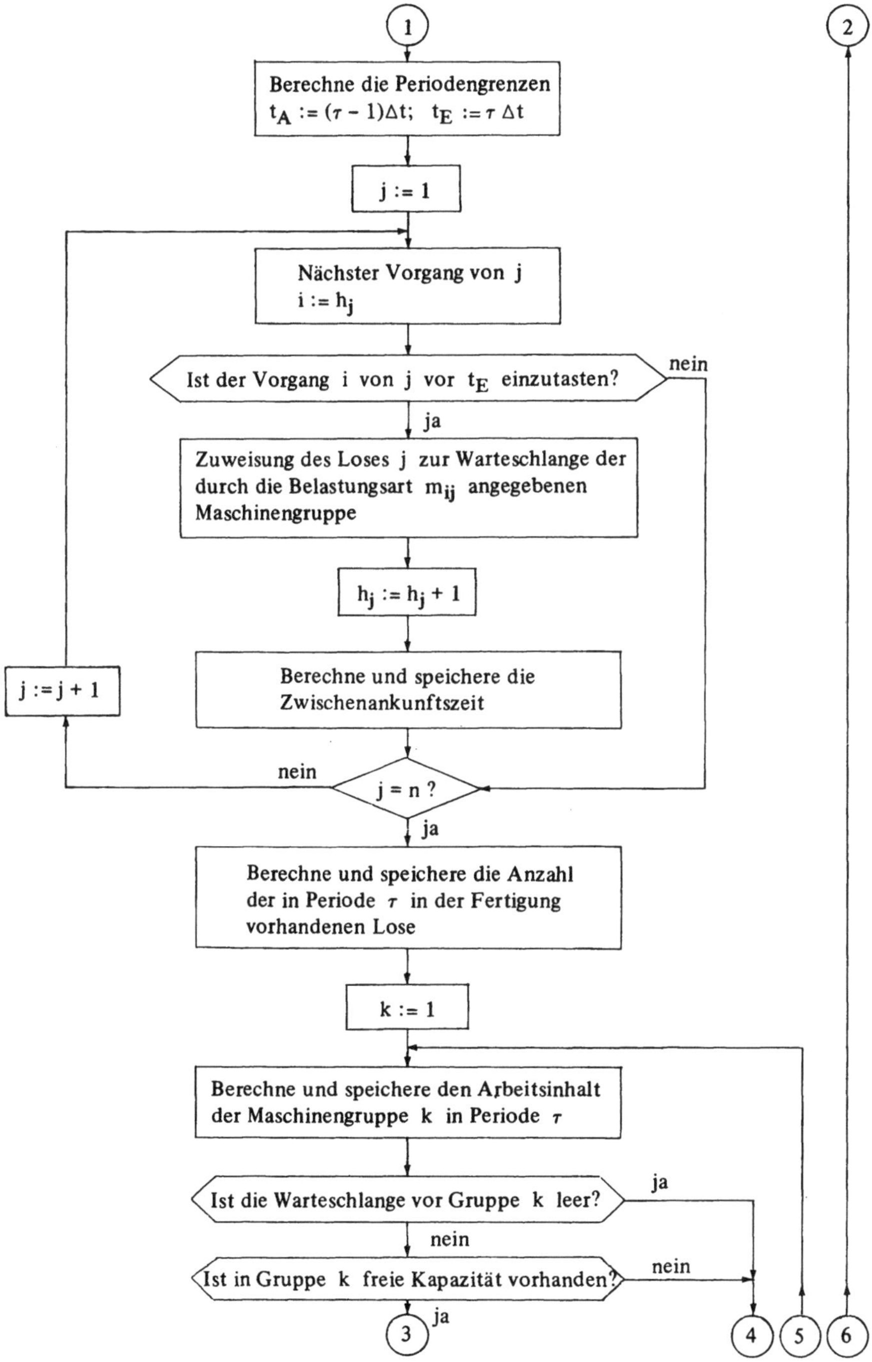
1
2
Berechne die Periodengrenzen
tA := (τ - 1)Δt; tE := τ Δt
j := 1
Nächster Vorgang von j
i := hj
Ist der Vorgang i von j vor tE einzutasten?
nein
ja
Zuweisung des Loses j zur Warteschlange der durch die Belastungsart mij angegebenen Maschinengruppe
hj := hj + 1
Berechne und speichere die Zwischenankunftszeit
j := j + 1
nein
j = n ?
ja
Berechne und speichere die Anzahl der in Periode τ in der Fertigung vorhandenen Lose
k := 1
Berechne und speichere den Arbeitsinhalt der Maschinengruppe k in Periode τ
Ist die Warteschlange vor Gruppe k leer?
ja
nein
Ist in Gruppe k freie Kapazität vorhanden?
nein
ja
3
4
5
6

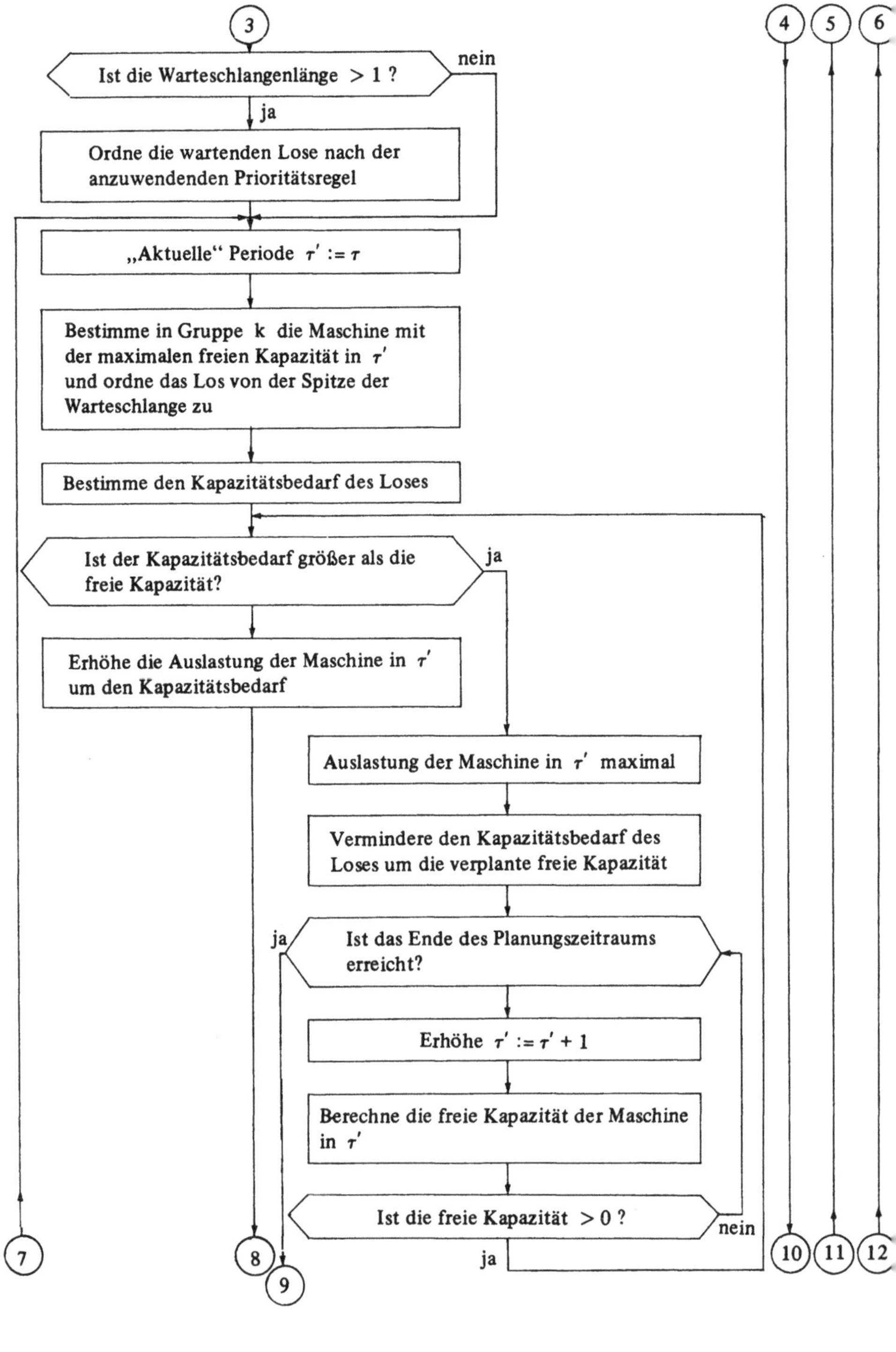
3
4
5
6
Ist die Warteschlangenlänge > 1 ?
nein
ja
Ordne die wartenden Lose nach der anzuwendenden Prioritätsregel
„Aktuelle“ Periode τ' := τ
Bestimme in Gruppe k die Maschine mit der maximalen freien Kapazität in τ' und ordne das Los von der Spitze der Warteschlange zu
Bestimme den Kapazitätsbedarf des Loses
Ist der Kapazitätsbedarf größer als die freie Kapazität?
ja
Erhöhe die Auslastung der Maschine in τ' um den Kapazitätsbedarf
Auslastung der Maschine in τ' maximal
Vermindere den Kapazitätsbedarf des Loses um die verplante freie Kapazität
ja
Ist das Ende des Planungszeitraums erreicht?
Erhöhe τ' := τ' + 1
Berechne die freie Kapazität der Maschine in τ'
Ist die freie Kapazität > 0 ?
nein
ja
7
8
9
10
11
12

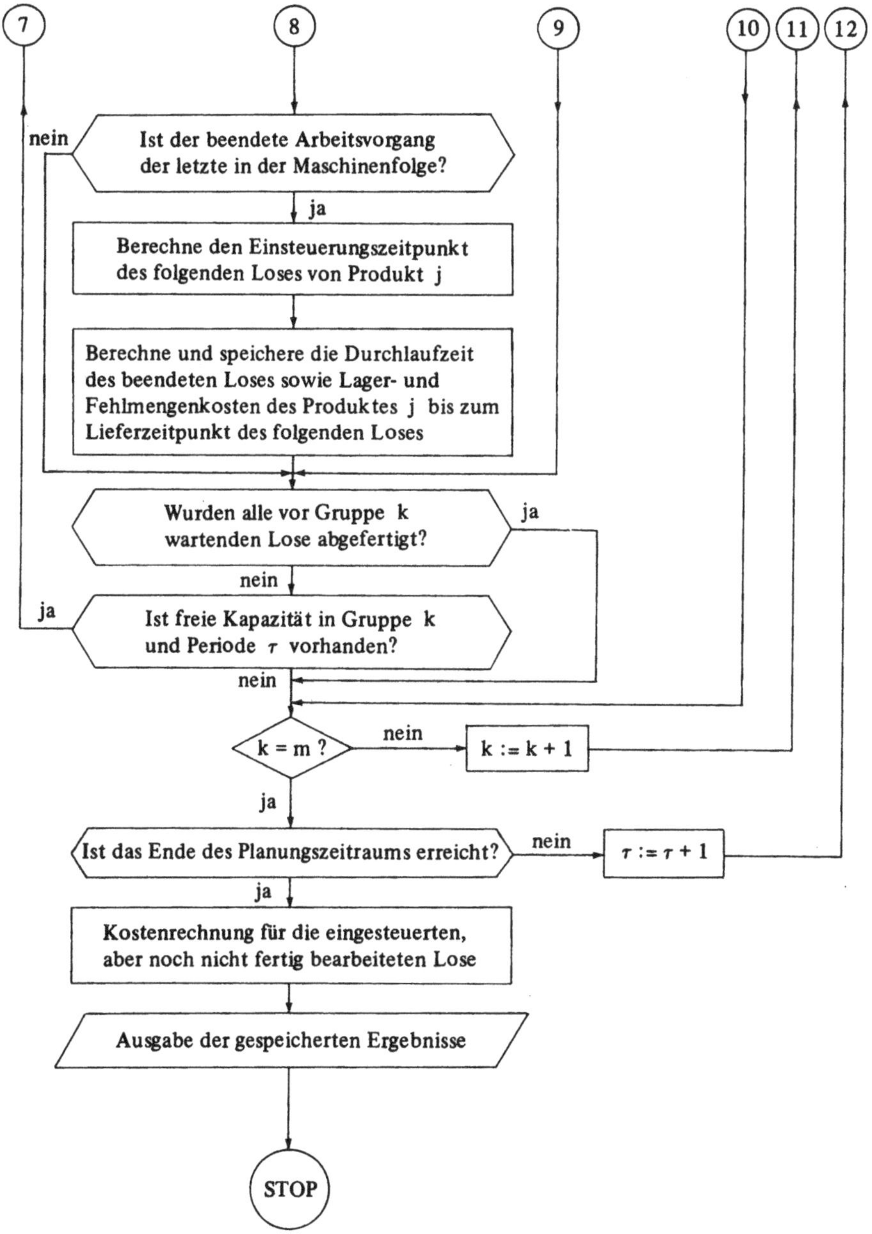
7
8
9
10
11
12
nein
Ist der beendete Arbeitsvorgang der letzte in der Maschinenfolge?
ja
Berechne den Einsteuerungszeitpunkt des folgenden Loses von Produkt j
Berechne und speichere die Durchlaufzeit des beendeten Loses sowie Lager- und Fehlmengenkosten des Produktes j bis zum Lieferzeitpunkt des folgenden Loses
Wurden alle vor Gruppe k wartenden Lose abgefertigt?
ja
nein
ja
Ist freie Kapazität in Gruppe k und Periode τ vorhanden?
nein
k = m ?
nein
k := k + 1
ja
Ist das Ende des Planungszeitraums erreicht?
nein
τ := τ + 1
ja
Kostenrechnung für die eingesteuerten, aber noch nicht fertig bearbeiteten Lose
Ausgabe der gespeicherten Ergebnisse
STOP

4. Die Datenstruktur als prozeßbestimmender Faktor

Die Simulationsergebnisse sind abhängig von den Daten des Problems und den Variablen der Teilmodelle. Als Variable der Teilmodelle (Systemparameter) wurden angegeben:

a) die Entscheidungsvariablen des Dispositionsproblems,
b) die jeweils ausgewählte Prioritätsregel zur Lösung des Reihenfolgeproblems,
c) die Periodenlänge als Variable des Maschinenübergangs.

Die mit der Problemstellung gegebene Datenstruktur umfaßt werkstattbezogene und produktbezogene Daten.

4.1 Werkstattbezogene Daten

Benötigt werden Daten über das Leistungspotential und die Kosten der Kapazitätseinheiten je Zeiteinheit.

4.1.1 Die Kapazitäten der Maschinengruppen

Die Periodenkapazität einer Maschinengruppe ist definiert durch die Anzahl der Maschinen und die Maschinenzeit je Periode. Die Normalkapazität einer Maschine beträgt 480 min/Tag. Die kapazitive Anpassung an unterschiedliche Belastungssituationen wird in dem Modell zugelassen, d. h. die Gruppenkapazitäten können geändert werden, wenn die mittlere Auslastung in allen Gruppen gleich sein soll.

4.1.2 Die Kosten der Kapazitätseinheiten je Zeiteinheit

Die Kosten einer Kapazitätseinheit pro Zeiteinheit setzen sich aus den Maschinenkosten und Arbeitskosten zusammen. Diese Kostendaten werden benötigt, um aus den Rüstzeiten und aus den Ausführungszeiten je Produkteinheit die proportionalen Stückkosten berechnen zu können. Dabei wird angenommen, daß beim Umrüsten der Maschinen die vollen Maschinenkosten anzusetzen sind[49].

4.2 Produktbezogene Daten

Um den Rechen- und Speicheraufwand zu begrenzen, wird bei den Simulationen die Anzahl der Produktarten auf 50 festgelegt. Die produktbezogenen Daten

[49] Vgl. dagegen [6, S. 193].

werden als Stichproben aus Verteilungen erzeugt. Das Produktionsprogramm ist definiert durch die Nachfrageraten, Operationszeiten und Maschinenfolgen der Produkte.

4.2.1 Nachfrageraten

Die Nachfrageraten der Produkte werden als gleichverteilt zwischen den Grenzen r_u und r_o angenommen. Durch Veränderung der Grenzen sind einerseits die Interdependenzen zwischen den Produkten zu beeinflussen, andererseits ergibt sich in Verbindung mit den Gruppenkapazitäten eine unterschiedliche Auslastungssituation der Maschinengruppen.

4.2.2 Vorgabezeiten

Für die Rüst- und Stückzeiten werden negative Exponentialverteilungen zugrunde gelegt. Diese Annahme stützt sich auf umfangreiche Untersuchungen von Vorgabezeiten aus Industriebetrieben. Sehr ähnliche Annahmen über die Vorgabezeiten machen auch *Berr* und *Papendieck* [6, S. 192]. Aus den Rüst- und Stückzeiten ergeben sich die Operationszeiten in Abhängigkeit von den Losgrößen, vgl. Abschnitt 3.3.1.

4.2.3 Maschinenfolgen

Die Maschinenfolgen der Produkte werden aus den Wahrscheinlichkeiten für die Ankünfte von außerhalb der Werkstatt und für die Übergänge zwischen den Maschinengruppen erzeugt.

Die Ankunftswahrscheinlichkeiten bilden einen Vektor mit m Komponenten

$$\mathbf{P}_a = \{P_i\}; \quad i = 1, \ldots, m$$

mit $\sum_i P_i = 1$.

Die Wahrscheinlichkeit für den Übergang von Maschinengruppe i zu Maschinengruppe j werden mit P_{ij} bezeichnet. Da zwei aufeinander folgende Arbeitsvorgänge auf derselben Maschinengruppe nicht zugelassen werden (vgl. Prämisse j in Abschnitt 3.4.1), ist $P_{ii} = 0$; $i = 1, \ldots, m$. Die Wahrscheinlichkeit für die Aussteuerung eines Loses aus der Fertigung sei $P_{i,m+1}$. Dann bilden die P_{ij} eine Rechteckmatrix mit m Zeilen und m + 1 Spalten:

$$\mathbf{P}_ü = \{P_{ij}\}; \quad i = 1, \ldots, m; \quad j = 1, \ldots, m + 1$$

mit $P_{ii} = 0$; $i = 1, \ldots, m$ und

$$\sum_{j=1}^{m+1} P_{ij} = 1; \quad i = 1, \ldots, m.$$

Durch die Ankunfts- und Übergangswahrscheinlichkeiten sind verschiedene Fertigungsprinzipien darstellbar. Zwei Extremfälle sind von besonderem Interesse [15, S. 7]:

a) *Werkstattprinzip* (job-shop, random routing)
Die Ankunftswahrscheinlichkeiten sind für alle Maschinengruppen gleich:

$$P_i = \frac{1}{m}\,; \quad i = 1, \ldots, m$$

Die Übergangswahrscheinlichkeiten sind ebenfalls gleich:

$$P_{ij} = \frac{1}{m}\,; \quad \begin{array}{l} i = 1, \ldots, m \\ j = 1, \ldots, m+1 \\ i \neq j \end{array}$$

Die Wahrscheinlichkeit für das Auftreten identischer Maschinenfolgen geht mit wachsender Stufenzahl gegen Null, so daß die Produkte in dem hier untersuchten Fertigungsmodell bei Werkstattfertigung individuelle Maschinenfolgen haben.

b) *Fließprinzip* (flow-shop, identical routing)
Bei identischen Maschinenfolgen sind die Ankunftswahrscheinlichkeiten für für eine Maschinengruppe gleich Eins und für alle anderen gleich Null:

$$P_i \in \{0, 1\} \quad \text{mit} \quad \sum_{i=1}^{m} P_i = 1\,.$$

Dasselbe gilt für die Übergangswahrscheinlichkeiten:

$$P_{ij} \in \{0, 1\} \quad \text{mit} \quad \sum_{j=1}^{m+1} P_{ij} = 1;\ i = 1, \ldots, m.$$

5. Darstellung der Simulationsuntersuchungen

5.1 Angaben zum Simulationsprogramm

Die Simulationen wurden mit einer Datenverarbeitungsanlage Control Data CD 6400 am Rechenzentrum der RWTH Aachen durchgeführt. Das Simulationsprogramm wurde in der Programmiersprache FORTRAN-IV erstellt und in einer komplexen Overlay-Struktur aufgebaut. Der Speicherbedarf des Programms betrug ca. 60000_8 Maschinenworte und die Rechenzeit lag je nach Kapazitätsbelastung und Anzahl der gefertigten Lose in der Größenordnung von 40 bis 90 Sekunden.

5.2 Rand- und Anfangsbedingungen der Simulationen

5.2.1 Die Wahl des Produktionsprogramms

Das Produktionsprogramm ist für die hier behandelte Problemstellung vorzugeben. Daher wurden für die Simulationen die Bestimmungsgrößen des Produktionsprogramms (Nachfrageraten, Vorgabezeiten, Maschinenfolgen) als Stichproben aus theoretischen Verteilungen erzeugt, vgl. Abschnitt 3.4.1. Die Generierung der Stichprobenwerte erfolgte durch Transformation gleichverteilter Pseudo-Zufallszahlen, die mit Hilfe des softwaremäßig vorhandenen Zufallsgenerators erzeugt wurden.

5.2.2 Die Stationaritätsbedingung

In den Simulationsmodellen der Fertigungsablaufplanung wird vorausgesetzt, daß der Prozeßablauf stationär sei. Die Realisation des Prozesses bzw. „das Wahrscheinlichkeitsgesetz jeder Zufallsvariablen X_t“ [67, S. 133] ist von der Zeit unabhängig. Dadurch können die Wahrscheinlichkeitsverteilungen der Zufallsvariablen bei einmaligem Prozeßablauf aus den zu verschiedenen Zeitpunkten beobachteten Realisationen geschätzt werden.

Ein großes Problem der praktischen Simulationsdurchführung besteht darin, daß es für das Eintreten des stationären Systemzustandes keine geeignete Meßgröße gibt [13, S. 50]. Daher wird in den Simulationsmodellen üblicherweise eine „Vorlaufperiode“ ohne Ergebnisauswertung simuliert, und man nimmt an, daß der Prozeß danach zumindest näherungsweise den stationären Zustand erreicht hat.

In dem hier entwickelten Simulationsmodell wird ähnlich vorgegangen. Der Startzeitpunkt der Simulationen wird so weit in die „Vergangenheit" zurückverlegt, daß bis zum Planungszeitpunkt Null, wo die Auswertung des Fertigungsablaufs beginnt, der stationäre Systemzustand in etwa erreicht ist. Über die Untersuchungen zur Stationarität wird in Abschnitt 5.4.2 berichtet.

5.2.3 Der Simulationsumfang

Als Ergebnisse der Simulationen werden Schätzwerte für gewisse Kenngrößen des Fertigungsablaufs bzw. für Kostenwerte in Abhängigkeit von den Realisationen des Prozesses erhalten. Die dabei auftretenden Schätzfehler sind vom Simulationsumfang abhängig, der allerdings aus Kostengründen beschränkt werden muß. Den Schätzfehler unabhängig vom Simulationsumfang anzugeben, ist nicht ohne weiteres möglich, da die statistischen Verfahren der Fehlerabschätzung voraussetzen, daß die Realisationen des Prozesses stochastisch unabhängig sind [67, S. 134], was bei einem einzigen Prozeßablauf nicht gegeben ist.

Bei den hier durchgeführten Simulationen wird generell der Planungshorizont so festgelegt, daß größenordnungsmäßig 1500 Fertigungslose hergestellt werden.

5.3 Die Auslegung der Simulationsexperimente

Der Einfluß verschiedener Modellvariablen sollte empirisch mit Hilfe von Simulationen festgestellt werden. Im einzelnen wurden untersucht[50]:

1) 4 Ansätze für das Dispositionsmodell
2) 10 Prioritätsregeln
3) 5 verschiedene Situationen der Kapazitätsbelastung
4) 2 Fertigungsprinzipien
5) 2 Strukturen der Vorgabezeiten
6) 3 unterschiedliche Längen der Planungsperiode
7) 4 verschiedene Zufallszahlenfolgen
8) 2 verschiedene Bewertungen der Fehlmengen
9) 3 verschiedene Annahmen über die Anfangsbestände im Fertigfabrikatelager

Daraus ergeben sich 57 600 Kombinationsmöglichkeiten, die bei der Simulationsdurchführung nur teilweise ausgenutzt werden konnten. Zahlreiche Parameterkombinationen konnten im Verlauf der Untersuchungen ausgeschieden werden, da sie entweder keine günstigen Ergebnisse erwarten ließen oder nur die Sensi-

[50] Zu den Modellvariablen 1) bis 5) siehe die Tabellen 1 bis 5 im Anhang. Die Größe der Werkstatt wurde nicht variiert. Es wurde einheitlich angenommen, daß in jeder Stufe eine Kapazitätseinheit zur Verfügung steht.

bilität des Modells gegenüber bestimmten Veränderungen der Ausgangsbedingungen zeigen sollten. Insbesondere zeigte sich, daß die Dispositionsverfahren 1 und 2 zu schlechten Lösungen führen, da selbst bei einer niedrigen Kapazitätsbelastung ein vollständiger Kapazitätsausgleich aufgrund von Pufferzeiten nicht zu erreichen ist, vgl. Abschnitt 5.4.3. Ferner ist die Periodenlänge keine beliebig wählbare Modellgröße, da sie auf die Leistungsfähigkeit des innerbetrieblichen Transportsystems abgestimmt sein muß, vgl. S. 56. Die Periodenlänge Δt wurde daher bis auf wenige Fälle zu 480 min $\triangleq$ 1 Tag festgelegt. Die Simulationen mit unterschiedlichen Zufallszahlenfolgen sollten den Einfluß der Stichprobengenerierung des Produktionsprogramms zeigen. Diese Fragestellung war jedoch nur am Rande von Bedeutung. Weiterhin waren die Annahmen über die Anfangsbestände im Fertigfabrikatelager nur im Hinblick auf die Stationaritätsuntersuchungen von Bedeutung.

In erster Linie wurden Parameterkombinationen untersucht, die sich durch die Verbindung der Dispositionsverfahren 3 und 4 mit allen Prioritätsregeln und Auslastungssituationen, den Fertigungsprinzipien, Vorgabezeitstrukturen und Fehlmengenbewertungen ergeben. Die dabei möglichen 800 Konstellationen wurden reduziert, indem die Struktur der Vorgabezeiten und die Fehlmengenbewertung jeweils ceteris paribus für bestimmte Standardkombinationen der übrigen Modellvariablen untersucht wurden. Bei den Simulationen mit den Dispositionsverfahren 3 und 4 zeigten sich nur geringe Unterschiede in der Kostenstruktur, so daß mit dem Verfahren 3, besonders auch wegen des hohen Rechenaufwandes, nur acht Simulationen zu Vergleichszwecken durchgeführt wurden. Der Schwerpunkt der Untersuchungen wurde auf die Kombination des Dispositionsverfahrens 4 mit sämtlichen Prioritätsregeln, den verschiedenen Auslastungssituationen und Fertigungsprinzipien gelegt. Von den dabei vorhandenen 100 Kombinationsmöglichkeiten wurden allerdings nur 92 ausgenutzt, da mit der LOZ-Regel lediglich bei einer geringen Werkstattauslastung eine zulässige Lösung erhalten wurde.

5.4 Simulationsergebnisse

Beim Ablauf der Simulationen wurde eine Reihe von Kenngrößen und Kostenwerten bestimmt, die in den Ergebnistabellen (Tab. 7 bis 10) im Anhang aufgeführt sind. Die absoluten Kostenwerte geben allerdings keinen Aufschluß über die Güte einer Lösung. Daher wurden Kostenverhältnisse nach zwei Kriterien berechnet. Einerseits wurden die erwarteten Gesamtkosten aller Produkte je Zeiteinheit auf das theoretische Kostenminimum K_{th1} bezogen, das sich bei unbeschränkten Fertigungs- und Transportkapazitäten ergeben würde. K_{th1} ist aus der Kostenfunktion Gleichung (3.35) zu berechnen, wobei die Losgrößen und Maximalbestände durch die Gleichungen (3.41) und (3.42) zu bestimmen sind.

Diese Kostenuntergrenze ist aufgrund der Modellstruktur mit diskreter Periodeneinteilung und Pufferzeiten auch theoretisch nicht zu realisieren. Daher wurde ein zweites Kostenverhältnis gebildet, wobei die Kostenuntergrenze K_{th2} mit den Gleichungen (3.47) und (3.48) für q_o und S_o in Abhängigkeit von den minimalen Durchlaufzeiten berechnet wurde.

Die Darstellung der Simulationsergebnisse erfolgt anhand von Diagrammen der Durchlaufzeiten und der Kostenstrukturen. Die Verteilungsfunktionen der Durchlaufzeiten müßten strenggenommen als Summentreppen dargestellt werden. Zur besseren Übersichtlichkeit werden durch die Punkte der Summenhäufigkeitsfunktion stetige Kurven gelegt.

In den Kostenstrukturdiagrammen werden die Lagerkosten aufgeteilt in Zwischen- und Endlagerkosten, wobei die Sicherheitsbestandskosten getrennt angegeben werden. Die erwarteten Gesamtkosten $\overline{K}_{ges}$ umfassen:

K_r	Rüstkosten
$\overline{K}_l^F$	erwartete Zwischenlagerkosten
K_l'	Endlagerkosten, wenn der Lagerbestand durchschnittlich q/2 beträgt
K_ϵ	Sicherheitsbestandskosten
$\overline{K}_f$	erwartete Fehlmengenkosten

Die Anordnung der Ergebnisse erfolgt so, daß die erwarteten Gesamtkosten von einer Prioritätsregel zur nächsten zunehmen.

5.4.1 Ankunfts-, Übergangs- und Abfertigungsprozeß

Aufgrund der Übergangsbedingung des Fertigungsablaufs (vgl. Abschnitt 3.3.4.2) ist die Zwischenankunftszeit eine diskrete Variable, deren Wertebereich auf nichtnegative ganzzahlige Vielfache der Periodenlänge beschränkt ist. In Abb. 5.1 sind die empirischen Verteilungen der Zwischenankunftszeiten für drei verschiedene Periodenlängen Δt dargestellt. Als Simulationsbeispiel wurde die Kombination des Dispositionsverfahrens 4 mit der Prioritätsregel K-SL, dem Werkstattprinzip und der mittleren Kapazitätsauslastung $\eta = 0{,}9$ (gleich für alle Stufen) gewählt. Die Verteilungen der Zwischenankunftszeiten sind in allen Stufen und für alle Periodenlängen sehr ähnlich.

Abb. 5.2 zeigt die klassifizierten Verteilungen der Übergangszeiten für dieses Beispiel. Die Übergangszeiten sind über einer Periode angenähert gleichverteilt mit einem Mittelwert von $\Delta t/2$. In den nicht dargestellten Stufen gelten die gleichen Verhältnisse.

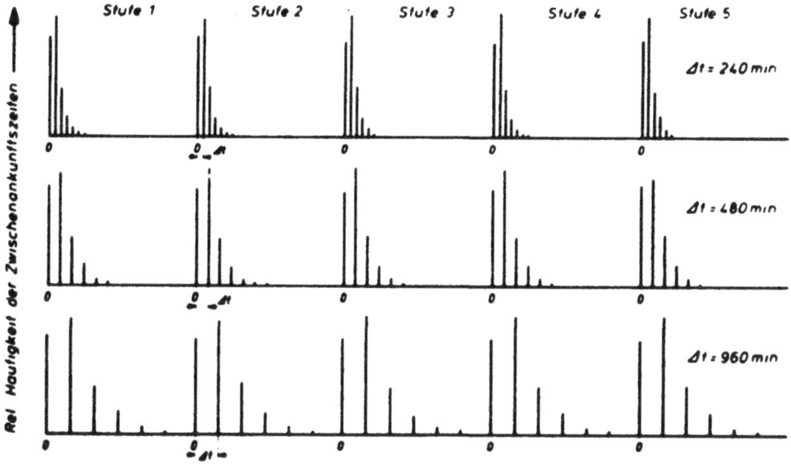

Abb. 5.1 Verteilungen der Zwischenankunftszeiten für verschiedene Werte der Periodenlänge Δt

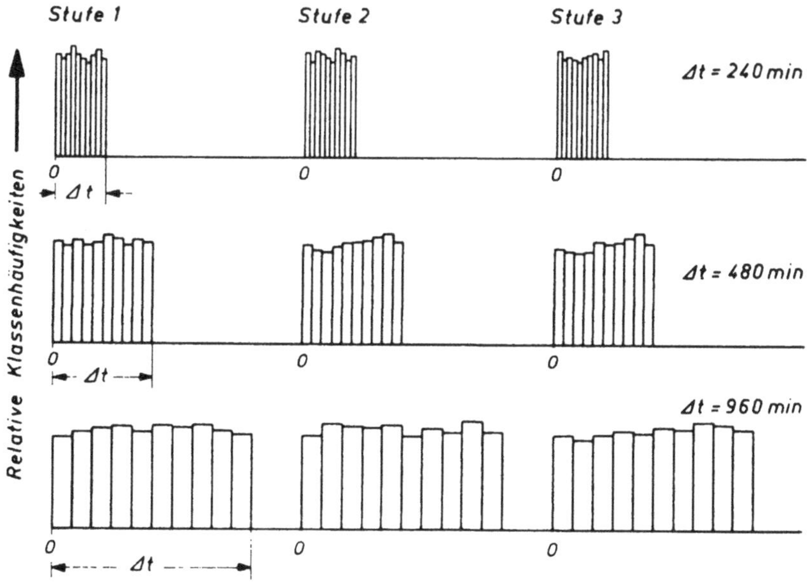

Abb. 5.2 Klassifizierte Verteilungen der Übergangszeiten für verschiedene Werte der Periodenlänge Δt

Der Abfertigungsprozeß für $\Delta t = 480$ min ist in Abb. 5.3 angegeben. In den einzelnen Stufen sind deutliche Unterschiede erkennbar. Die Annäherung der empirischen Verteilungen durch theoretische erscheint wenig sinnvoll. Zu einer ähnlichen Aussage kommt auch *Harris* [32], der sehr umfangreiche empirische Untersuchungen eines realen Fertigungsbetriebes durchgeführt hat.

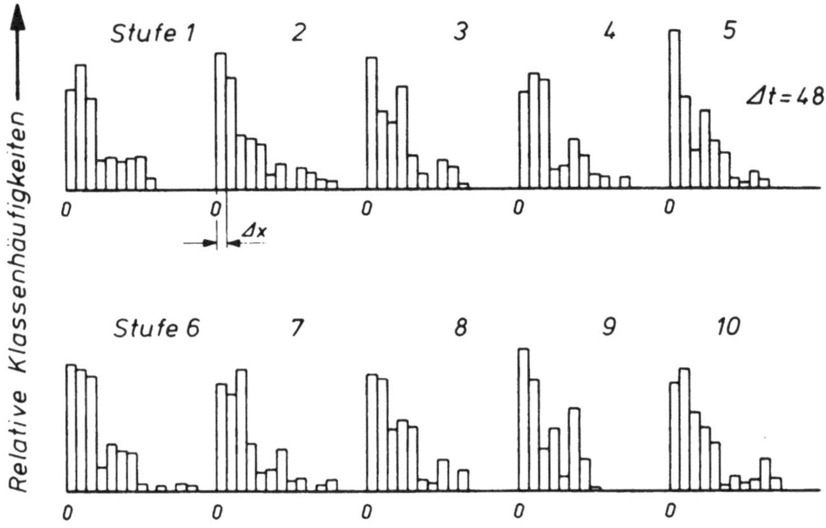

Abb. 5.3 Klassifizierte Operationszeitverteilungen (Abfertigungsprozeß)

5.4.2 Untersuchungen zur Stationarität

Stationäre Prozesse verhalten sich „invariant gegenüber einer Verschiebung der Beobachtungszeitpunkte“ [24, S. 114]. Diese Eigenschaft sollte anhand zweier Simulationsbeispiele getestet werden, bei denen die mittlere Auslastung der Stufen auf $\eta = 0{,}95$ heraufgesetzt wurde. Der Planungszeitraum wurde um $5 \cdot 240$ Perioden verlängert, und es wurden die Realisierungen des Prozesses in sechs Zeitintervallen gleicher Länge ausgewertet, die jeweils um 240 Perioden verschoben waren. Die dabei erhaltenen Verteilungsfunktionen sind in den Abbildungen 5.4 und 5.5 durch unterschiedliche Zeichen dargestellt. Es zeigen sich nur geringe Unterschiede, die auf einen zumindest stabilen Prozeßablauf schließen lassen.

Aufgrund dieser Ergebnisse ist zu erwarten, daß die Realisationen des Fertigungsprozesses vom Anfangszustand unabhängig sind. Diese Eigenschaft wurde explizit anhand sechs weiterer Simulationen (113 bis 118) mit verschiedenen Annahmen über die Anfangsbestände im Fertigfabrikatelager getestet. Bei den Simulationen

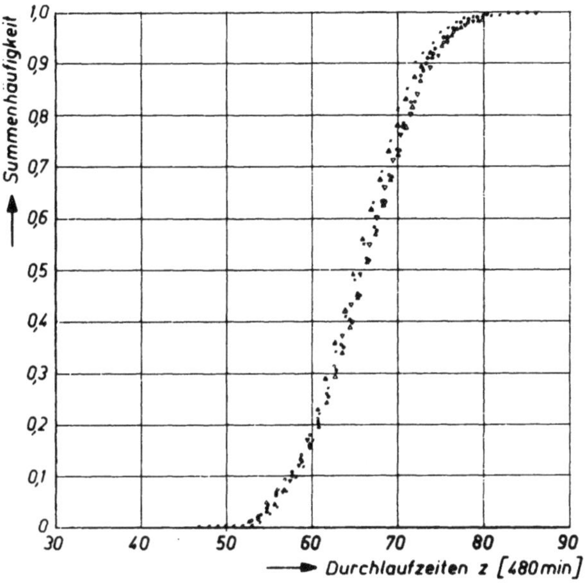

Abb. 5.4 Durchlaufzeiten in sechs um je 240 Perioden verschobenen Auswertungsintervallen
- Dispositionsverf. 4 - Fließprinzip
- K-SL-Regel - $\eta = 0{,}95$

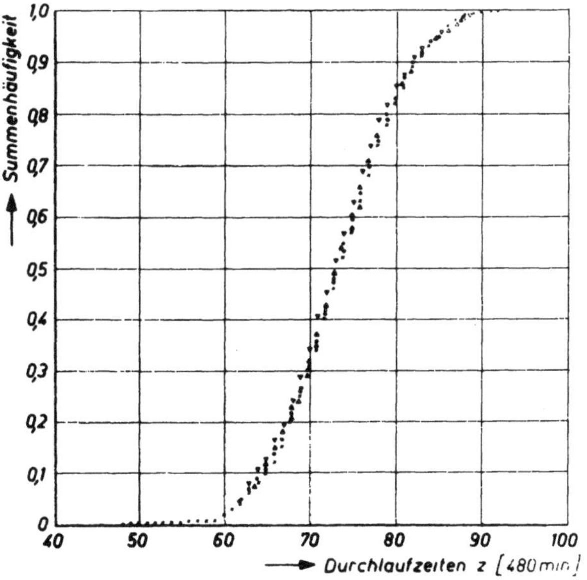

Abb. 5.5 Durchlaufzeiten in sechs um je 240 Perioden verschobenen Auswertungsintervallen
- Dispositionsverf. 4 - Werkstattprinzip
- K-SL-Regel - $\eta = 0{,}95$

113 bis 115 wurden die Anfangsbestände gleich Null gesetzt und in den Beispielen 116 bis 118 in Höhe der jeweiligen Produktlosgrößen angenommen. Die Simulationsergebnisse (vgl. Tab. 10) zeigen – wie erwartet – nur geringe Unterschiede. Aus dieser Eigenschaft folgt auch, daß die Verteilung der Durchlaufzeiten eines Produktes vom Bestellniveau unabhängig ist.

5.4.3 Ergebnisse mit den deterministischen Modellansätzen der Disposition

Bei den Simulationen mit den deterministischen Modellansätzen wurde in einem ersten Schritt untersucht, ob der in Abschnitt 3.3.4.2 anschaulich begründete Kapazitätsausgleichseffekt der Periodenlänge empirisch nachgewiesen werden kann. Dazu wurden unter der Voraussetzung unbeschränkter Kapazitäten in einem Planungsabschnitt von jeweils 240 Perioden die Belastungsprofile für einzelne Simulationsbeispiele erzeugt.

Um eine quantitative Aussage über die Gleichmäßigkeit der Kapazitätsbelastung zu erhalten, wurde eine dimensionslose Kenngröße für jede Periode bestimmt, und zwar wurde die Abweichung der Periodenbelastung von der mittleren Kapazitätsbelastung ermittelt und zu dieser ins Verhältnis gesetzt. Das mittlere Quadrat dieser normierten Periodenwerte kann als Maß für die Belastungsschwankungen angesehen werden. Im Extremfall völlig gleichmäßiger Kapazitätsbelastung würde diese Maßzahl den Wert Null annehmen.

Die im zweiten Schritt durchgeführte Kapazitätsterminierung zeigte, daß selbst bei sehr niedriger mittlerer Kapazitätsbelastung und einer großen Periodenlänge kein vollständiger Kapazitätsausgleich zu erreichen ist. Da sich hierin die Unzulänglichkeit der deterministischen Dispositionsverfahren ausdrückt, wurden hierzu nur wenige Beispiele simuliert.

5.4.3.1 Ergebnisse bei produktindividuellen Fertigungszyklen (Dispositionsverfahren 1)

Bei unbeschränkten Kapazitäten nehmen die Schwankungen der Kapazitätsbelastung mit zunehmender Periodenlänge ab:

Periodenlänge	Belastungsschwankungen in den Fertigungsstufen									
[min]	1	2	3	4	5	6	7	8	9	10
240	1,34	1,29	1,15	1,30	1,19	1,24	1,36	1,17	1,23	1,13
480	1,10	1,14	1,07	1,15	1,16	1,11	1,13	1,09	1,19	1,09
960	1,02	1,07	0,96	0,99	0,95	1,03	1,02	1,03	1,03	1,07

Tab. 5.1 Belastungsschwankungen bei unbeschränkten Kapazitäten in Abhängigkeit von der Periodenlänge (Dispositionsverfahren 1)

Periodenlänge [min]	Kosten [GE/Periode]				Kostenverhältnisse	
	K_r	$K_l^F + K_l^L$	K_f	K_{ges}	$\frac{K_{ges}}{K_{th1}}$	$\frac{K_{ges}}{K_{th2}}$
240	33,91	29,34	83,20	146,45	2,25	2,09
480	34,05	30,11	76,15	140,31	2,16	1,75
960	35,23	42,52	39,50	117,25	1,80	1,18

Tab. 5.2 Kostenstruktur bei einer mittleren Kapazitätsauslastung $\eta = 0{,}6$ in Abhängigkeit von der Periodenlänge (Dispositionsverfahren 1)

Bei der Simulation mit beschränkten Kapazitäten wurde eine sehr niedrige mittlere Kapazitätsauslastung von 60 Prozent ($\eta = 0{,}6$) unterstellt. Daß dennoch kein vollständiger Kapazitätsausgleich erreicht werden konnte, zeigt sich an den relativ hohen Fehlmengenkosten. Allerdings nehmen diese mit wachsender Periodenlänge verhältnismäßig stark ab, so daß trotz der ansteigenden Rüst- und Lagerkosten die Gesamtkosten eine abnehmende Tendenz aufweisen. Das Kostenverhältnis K_{ges}/K_{th2} nimmt aufgrund der Fehlmengenkostenentwicklung ebenfalls stark ab. Die wesentlich geringeren Differenzbeträge beim Kostenverhältnis K_{ges}/K_{th1} deuten darauf hin, daß sich bei wachsender Periodenlänge die Kostenstruktur zwar verändert, eine wesentliche Annäherung an das theoretische Kostenminimum bei unbeschränkten Kapazitäten jedoch nicht erreicht wird.

5.4.3.2 Ergebnisse bei einem strengen Fertigungszyklus (Dispositionsverfahren 2)

Wie man den Tabellen 5.3 und 5.4 entnimmt, ergeben sich bei einem strengen Fertigungszyklus völlig analoge Verhältnisse. Die Belastungsschwankungen in den Fertigungsstufen werden mit zunehmender Periodenlänge geringer, bei generell höherem Niveau im Vergleich zur Disposition mit produktindividuellen Fertigungszyklen. Bei der Kostenstruktur fällt auf, daß die Fehlmengenkosten wesentlich höher liegen, wodurch auch die Kostenverhältnisse vergleichsweise groß sind.

Periodenlänge [min]	Belastungsschwankungen in den Fertigungsstufen									
	1	2	3	4	5	6	7	8	9	10
240	1,87	1,73	1,77	1,98	1,95	1,76	1,55	1,43	1,61	1,35
480	1,50	1,38	1,38	1,45	1,56	1,39	1,38	1,24	1,59	1,26
960	1,36	1,22	1,29	1,26	1.18	1,24	1,23	1,15	1,36	1,14

Tab. 5.3 Belastungsschwankungen bei unbeschränkten Kapazitäten in Abhängigkeit von der Periodenlänge (Dispositionsverfahren 2)

Periodenlänge [min]	Kosten [GE/Periode] K_r	$K_l^F + K_l^L$	K_f	K_{ges}	Kostenverhältnisse $\frac{K_{ges}}{K_{th1}}$	$\frac{K_{ges}}{K_{th2}}$
240	29,83	25,64	505,09	560,57	8,61	8,01
480	30,57	26,86	360,35	407,77	6,25	5,09
960	32,28	29,82	223,75	275,85	4,23	2,76

Tab. 5.4 Kostenstruktur bei einer mittleren Kapazitätsauslastung $\eta = 0,6$ in Abhängigkeit von der Periodenlänge (Dispositionsverfahren 2)

5.4.4 Ergebnisse bei separater Losgrößen- und Bestellpunktrechnung mit dem stochastischen Modellansatz (Dispositionsverfahren 4)

5.4.4.1 Maschinenübergänge nach dem Fließprinzip (Simulationen 1 bis 46)

In 27 Simulationen wurde mit einer für alle Stufen gleichen mittleren Kapazitätsauslastung ($\eta = 0,7$; 0,8 und 0,9) gerechnet. In allen Fällen ergab sich bei Anwendung der KOZ-Regel der günstigste Wert für die mittlere Durchlaufzeit bei vergleichsweise großen Streuungen. Die FCFS-Regel lieferte deutlich höhere Werte für $\bar{z}$ mit geringeren Durchlaufzeitstreuungen. In bezug auf diese beiden Regeln ist die Wirkungsweise der kombinierten Regeln mit den verschiedenen Annahmen über die Wartezeitbeschränkungen besonders interessant. Es zeigt sich, daß mit der K-SL-Regel die günstigen Werte für $\bar{z}$ nicht ganz erreicht werden, daß allerdings die Streuung der Durchlaufzeiten wesentlich reduziert wird. Je stärker die Wartezeit beschränkt wird, um so stärker wird das Kriterium der Ankunftszeit für die Prioritätszuweisung. Die Verteilungsfunktionen der Durchlaufzeiten verschieben sich mit sinkender zulässiger Wartezeit w_{zul} in Richtung auf die Kurven der FCFS-Regel, was aus den Abbildungen 5.6 und 5.7 besonders deutlich hervorgeht. Gleichzeitig vermindert sich die Streuung der Durchlaufzeiten, wie in Abb. 5.7 gut zu erkennen ist. Die statische WERT-Regel und die LOZ-Regel beeinflussen den Fertigungsablauf ungünstig, was sich auch in den Diagrammen der Kostenstruktur (Abb. 5.9 bis 5.11) zeigt. Die WERT-Regel bevorzugt solche Lose, deren Operationszeitsumme besonders klein ist, so daß die Verteilungsfunktion im Bereich geringer Durchlaufzeiten vergleichsweise hohe Werte annimmt.

Die Reihenfolgeproblematik tritt um so stärker in Erscheinung, je höher die Belastung der Kapazitäten ist, d. h. je stärker sich die kapazitiven Restriktionen auf den Fertigungsablauf auswirken. Bei Erhöhung der mittleren Kapazitätsauslastung steigen die Mittelwerte der Durchlaufzeiten an, und die unterschiedliche Wirkung der Prioritätsregeln wird größer. Bei der KOZ-Regel zeigt sich schon für

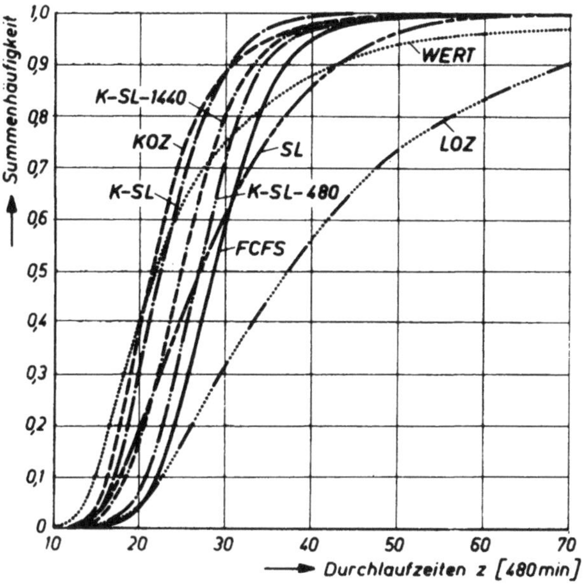

Abb. 5.6 Durchlaufzeitverteilungen
(Dispositionsverf. 4, Fließprinzip, η = 0,7)

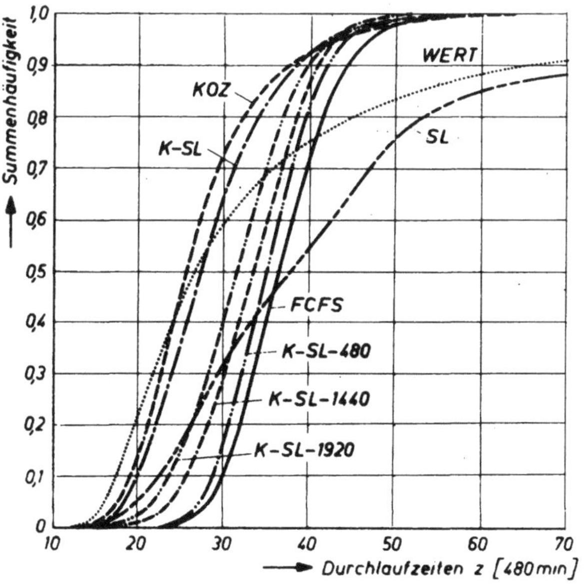

Abb. 5.7 Durchlaufzeitverteilungen
(Dispositionsverf. 4, Fließprinzip, η = 0,8)

η = 0,8 der Nachteil, daß Lose mit hohen Operationszeiten stark verzögert werden. Die maximale Durchlaufzeit ist selbst bei der FCFS-Regel kleiner als bei der KOZ-Regel, vgl. Abb. 5.7 und 5.8. Die Wartezeitbeschränkungen haben bei einer hohen Werkstattauslastung (η = 0,9) in Abb. 5.8 nicht mehr die erwähnte Wirkung. Die K-SL-480-Regel liefert schlechtere Werte als die FCFS-Regel, und die tendenzielle Auswirkung abnehmender Wartezeitbeschränkungen tritt nicht mehr so deutlich in Erscheinung.

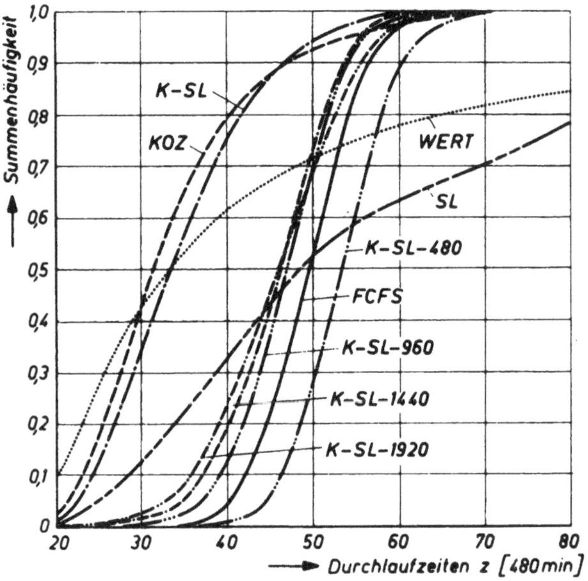

Abb. 5.8 Durchlaufzeitverteilungen
(Dispositionsverf. 4, Fließprinzip, η = 0,9)

Die Diagramme der Kostenstruktur (Abb. 5.9, 5.10 und 5.11) lassen ebenfalls erkennen, daß bei zunehmender Wirksamkeit der kapazitiven Restriktionen der Einfluß der unterschiedlichen Prioritätsregeln wächst. Bei η = 0,7 (Abb. 5.9) ist die Kostenstruktur bei allen Prioritätsregeln mit Ausnahme der LOZ-Regel sehr ähnlich, und die erwarteten Gesamtkosten unterscheiden sich nur wenig voneinander. Bei steigender Auslastung (η = 0,8 in Abb. 5.10 und η = 0,9 in Abb. 5.11) zeigen sich größere Unterschiede bei den Sicherheitsbestandskosten K_ϵ und bei den Zwischenlagerkosten $\overline{K}_l^F$. Außerdem nimmt die Lagerbindung wegen der generell steigenden Durchlaufzeiten zu, so daß der Anteil der Zwischenlagerkosten an den Gesamtkosten mit erhöhter Auslastung wächst. Die

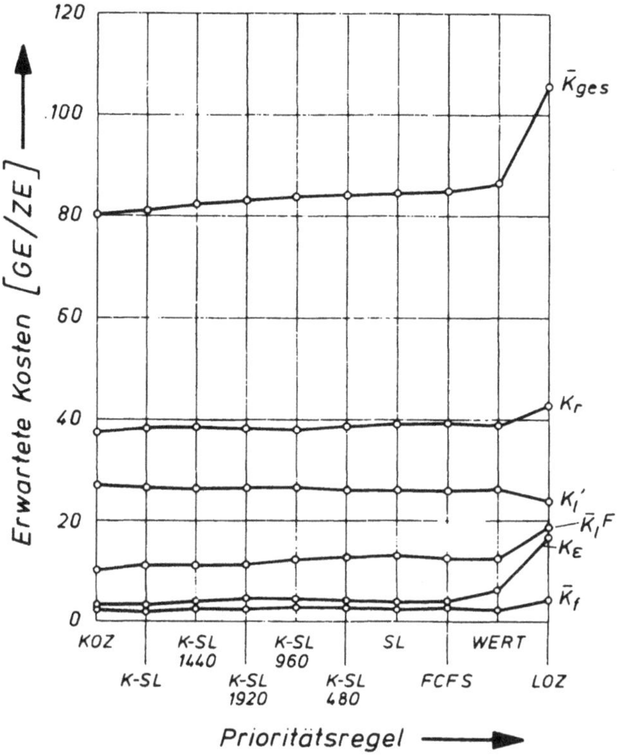

Abb. 5.9 Kostenstruktur
(Dispositionsverf. 4, Fließprinzip, $\eta = 0{,}7$)

Produktionsrate $\bar{p}$ nimmt infolge der steigenden Wartezeiten ab, so daß bei der Disposition nach Gleichung (3.75) die Losgrößen kleiner werden. Man erkennt diesen Zusammenhang aus den Abbildungen 5.9 bis 5.11 beim Vergleich der Rüstkostenkurven K_r und der Endlagerkostenverläufe K_l'. In Abb. 5.10 zeigt sich auch die tendenzielle Wirkung der SL-Regel, die Termintreue zu verbessern, so daß vergleichsweise niedrige Fehlmengenkosten zu erwarten sind. Bei einer hohen Auslastung ($\eta = 0{,}9$ in Abb. 5.11) ist diese Eigenschaft der SL-Regel jedoch nicht feststellbar. Die Anzahl der im System vorhandenen Lose ist vergleichsweise am größten (vgl. Tab. 7 im Anhang), so daß die aus Termingründen bevorzugten Fertigungslose die Lose anderer Produkte verzögern.

In weiteren 18 Simulationen wurde mit einer unterschiedlichen Auslastung in den Stufen gerechnet ($\eta_{max} = 0{,}93$ und $0{,}97$). Dabei ergaben sich keine grund-

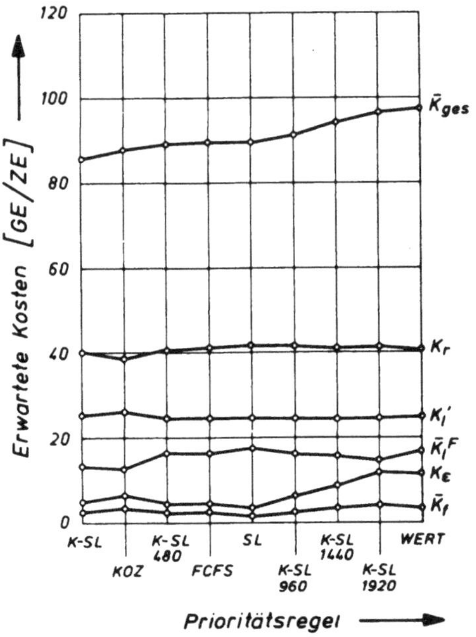

Abb. 5.10 Kostenstruktur
(Dispositionsverf. 4, Fließprinzip, η = 0,8)

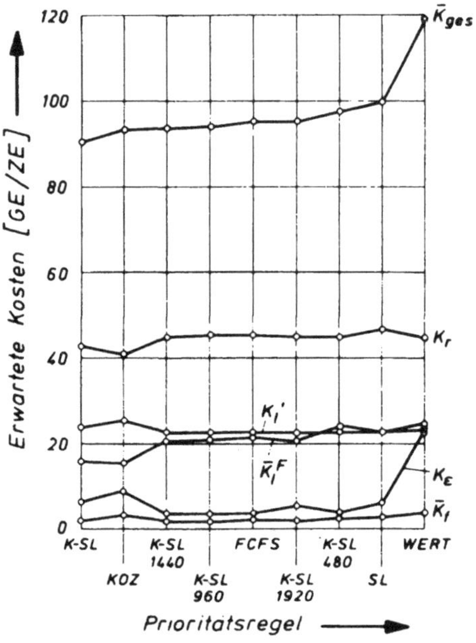

Abb. 5.11 Kostenstruktur
(Dispositionsverf. 4, Fließprinzip, η = 0,9)

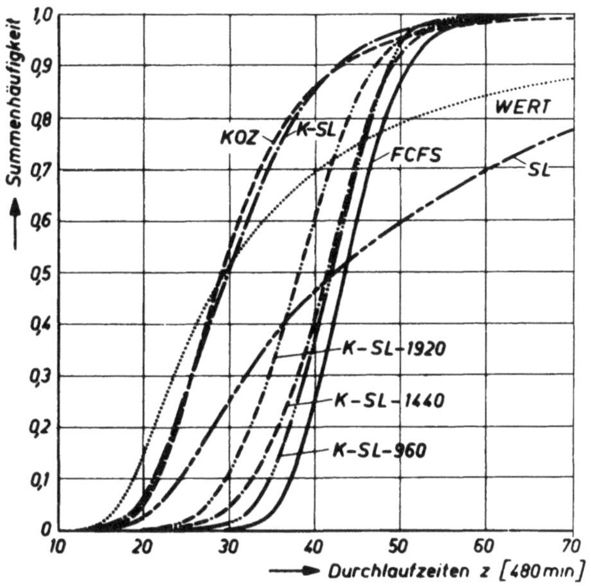

Abb. 5.12 Durchlaufzeitverteilungen
(Dispositionsverf. 4, Fließprinzip, $\eta_{max} = 0{,}93$)

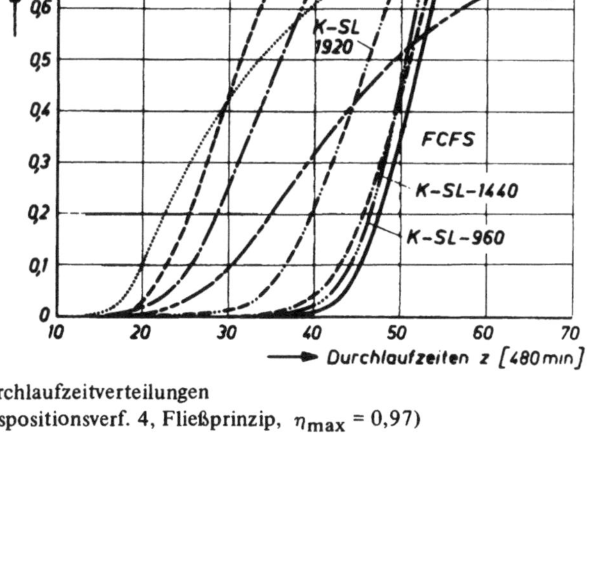

Abb. 5.13 Durchlaufzeitverteilungen
(Dispositionsverf. 4, Fließprinzip, $\eta_{max} = 0{,}97$)

legenden Abweichungen von den bisherigen Ergebnissen. Hervorgehoben sei, daß im Beispiel $\eta_{max} = 0{,}93$ bei Anwendung der K-SL-Regel auch kleinere Lose schnell abgefertigt werden, vgl. Abb. 5.12. Ferner zeigt sich im Beispiel $\eta_{max} = 0{,}97$ bei einer Wartezeitbeschränkung $w_{zul} \leqslant 1440$ eine der FCFS-Regel sehr ähnliche Wirkung, vgl. Abb. 5.13.

In den Diagrammen der Kostenstruktur (Abb. 5.14 und 5.15) zeigen sich nur geringe Abweichungen von den Ergebnissen bei gleicher mittlerer Kapazitätsauslastung in allen Stufen. Aus dem Verlauf der Rüstkosten und des Lagerkostenanteils K_l' ist wieder zu entnehmen, daß die Losgrößen in Abhängigkeit von der Prioritätsregel und der mittleren Kapazitätsauslastung bestimmt werden.

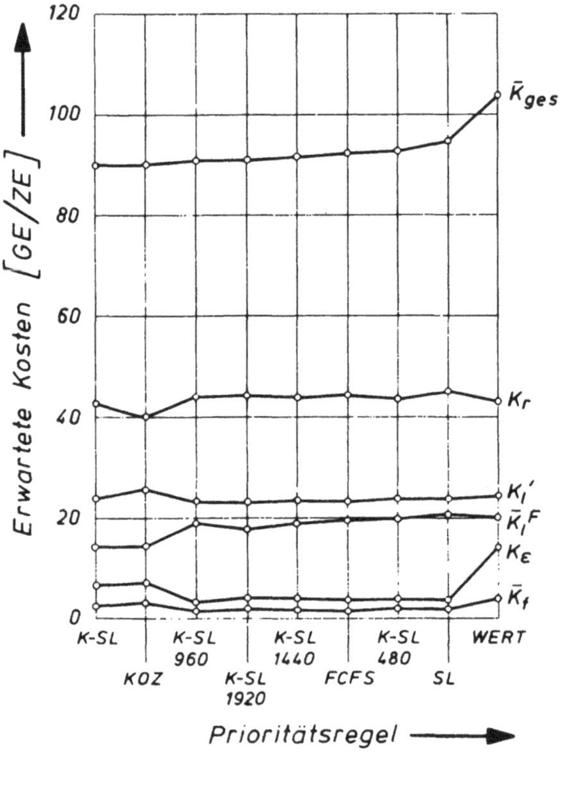

Abb. 5.14 Kostenstruktur
(Dispositionsverf. 4, Fließprinzip, $\eta_{max} = 0{,}93$)

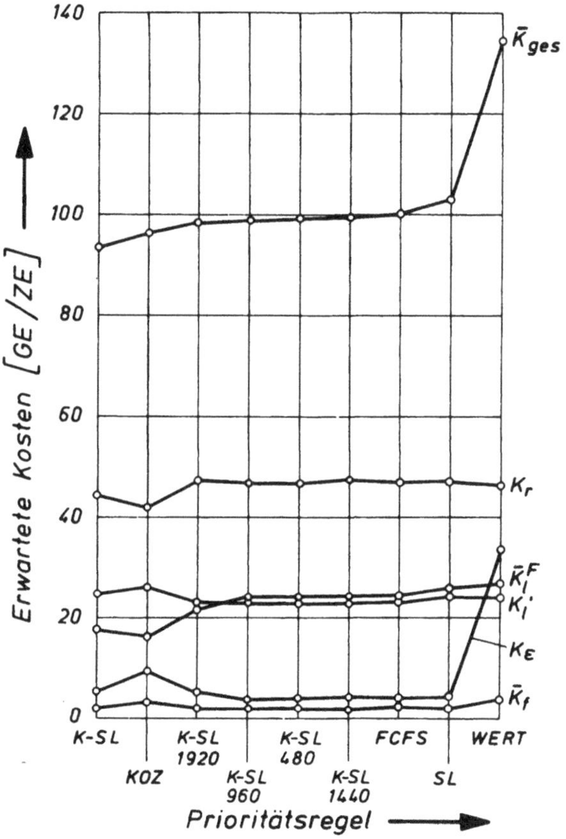

Abb. 5.15 Kostenstruktur (Dispositionsverf. 4, Fließprinzip, $\eta_{max} = 0{,}97$)

5.4.4.2 Maschinenübergänge nach dem Werkstattprinzip (Simulationen 47 bis 92)

Die Simulationsergebnisse bei produktindividuellen Maschinenfolgen (Werkstattprinzip) unterscheiden sich nicht grundlegend von denen bei identischen Maschinenfolgen (Fließprinzip). In den Abbildungen 5.16 bis 5.21 sind die Durchlaufzeitverteilungen und Kostenstrukturen für mittlere Kapazitätsauslastungen von $\eta = 0{,}7$; 0,8 und 0,9 dargestellt. Den Abbildungen 5.22 bis 5.25 liegen unterschiedliche Belastungen der Fertigungsstufen mit $\eta_{max} = 0{,}93$ bzw. 0,97 zugrunde. Den Durchlaufzeitdiagrammen ist zu entnehmen, daß sich die Wartezeitbeschränkungen auf den Fertigungsablauf beim Werkstattprinzip tendenziell günstiger auswirken als beim Fließprinzip. Der Vergleich der Abb. 5.8 mit 5.18 zeigt dies deutlich. Die Regel K-SL-480 wirkt ähnlich wie die FCFS-Regel, wobei der Anteil der Lose mit hohen Durchlaufzeiten geringer ist. Bei zunehmendem w_{zul} verlagert sich die Verteilungsfunktion der Durchlaufzeiten gut erkennbar in Richtung auf die Kurve der K-SL-Regel.

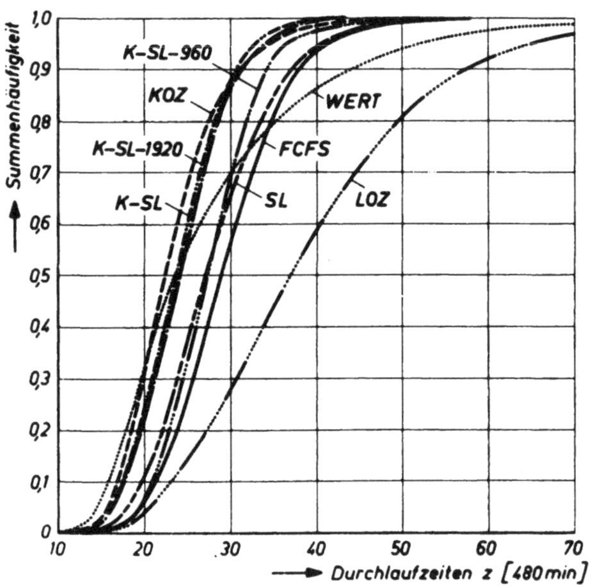

Abb. 5.16 Durchlaufzeitverteilungen
(Dispositionsverf. 4, Werkstattprinzip, η = 0,7)

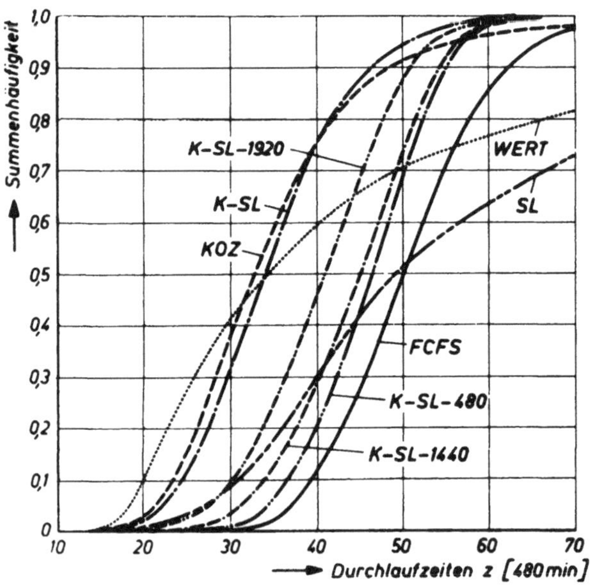

Abb. 5.17 Durchlaufzeitverteilungen
(Dispositionsverf. 4, Werkstattprinzip, η = 0,8)

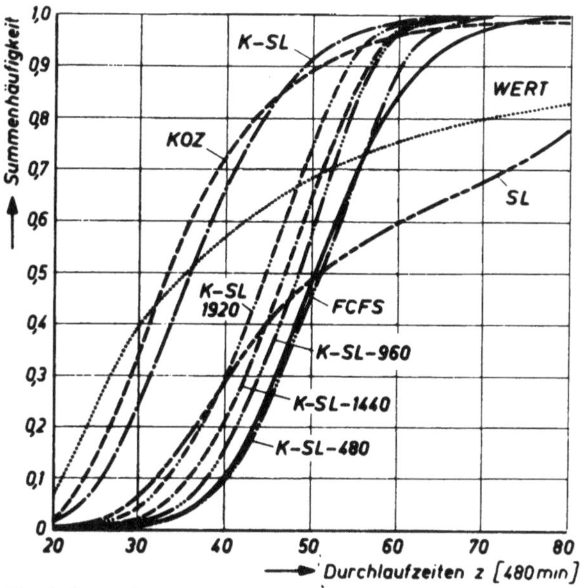

Abb. 5.18 Durchlaufzeitverteilungen
(Dispositionsverf. 4, Werkstattprinzip, $\eta = 0{,}9$)

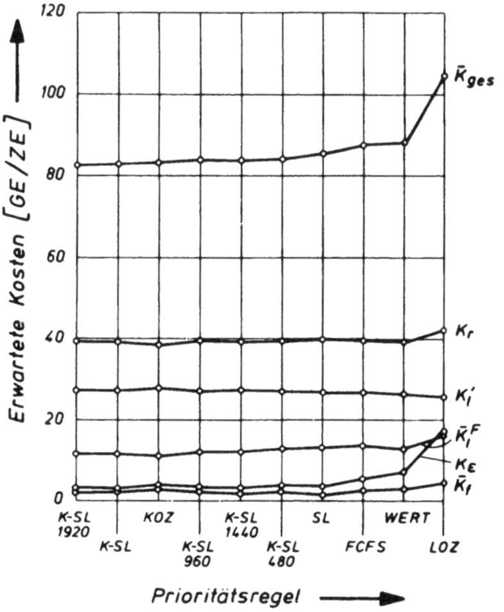

Abb. 5.19 Kostenstruktur
(Dispositionsverf. 4, Werkstattprinzip, $\eta = 0{,}7$)

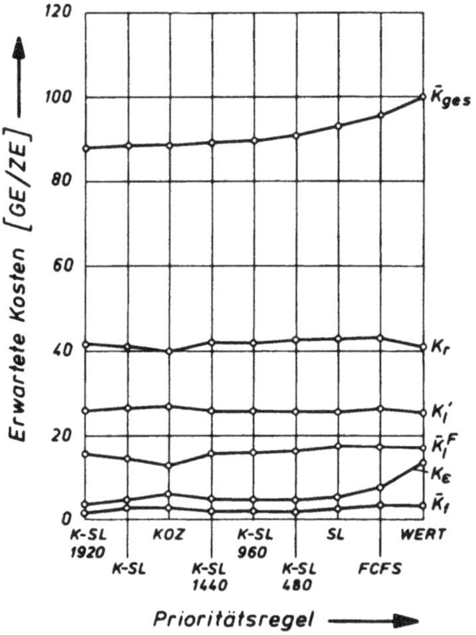

Abb. 5.20 Kostenstruktur
(Dispositionsverf. 4, Werkstattprinzip, η = 0,8)

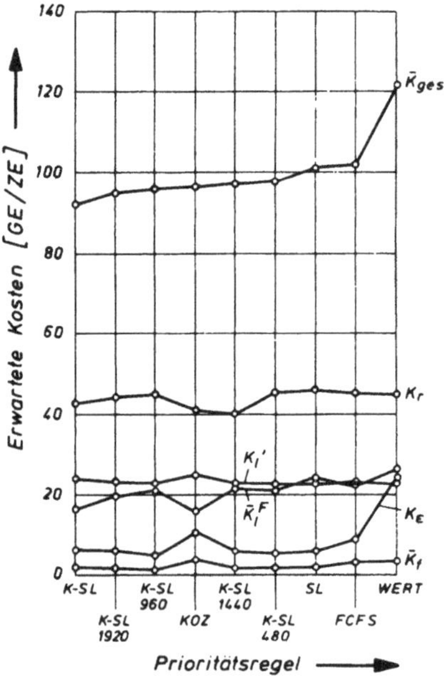

Abb. 5.21 Kostenstruktur
(Dispositionsverf. 4, Werkstattprinzip, η = 0,9)

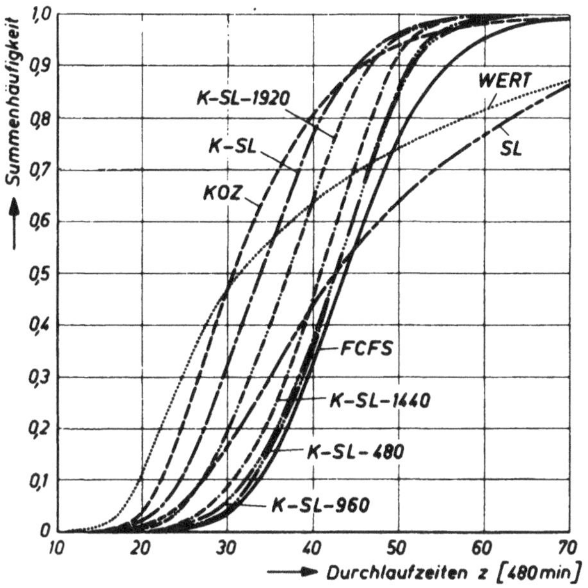

Abb. 5.22 Durchlaufzeitverteilungen
(Dispositionsverf. 4, Werkstattprinzip, $\eta_{max} = 0{,}93$)

In der Kostenstruktur verändert sich die Rangfolge der Prioritätsregeln. Zu den günstigen Regeln sind beim Werkstattprinzip auch die K-SL-Regeln mit den Wartezeitbeschränkungen $w_{zul} = 1920$ bzw. 1440 zu rechnen. Dagegen tritt der Nachteil der KOZ-Regel deutlich in Erscheinung. Zwar sind wegen der niedrigen $\bar{z}$-Werte die Zwischenlagerkosten vergleichsweise gering, so daß relativ große Lose mit entsprechend niedrigen Rüstkosten K_r bzw. hohen Lagerkosten K_l' berechnet werden. Dafür sind aber die Sicherheitsbestandskosten K_ϵ zum Ausgleich von Fehlmengen relativ hoch, so daß die erwarteten Gesamtkosten höher liegen als bei den Regeln K-SL und K-SL-1920.

Die Wirkung einzelner Prioritätsregeln in Abhängigkeit vom Fertigungsprinzip läßt sich aus den Durchlaufzeitverteilungen erkennen, wenn man beispielsweise in Abb. 5.13 und 5.23 vergleicht. In Abb. 5.23 schneiden sich die Kurven der KOZ- und der K-SL-Regel früher als in Abb. 5.13, was darauf schließen läßt, daß der Anteil stark verzögerter Lose vergleichsweise groß ist. Auf die günstigeren Ergebnisse bei den Regeln mit Wartezeitbeschränkungen wurde bereits hingewiesen. Diese Zusammenhänge sind auch den Kostenstrukturdiagrammen Abb. 5.24 und Abb. 5.25 zu entnehmen.

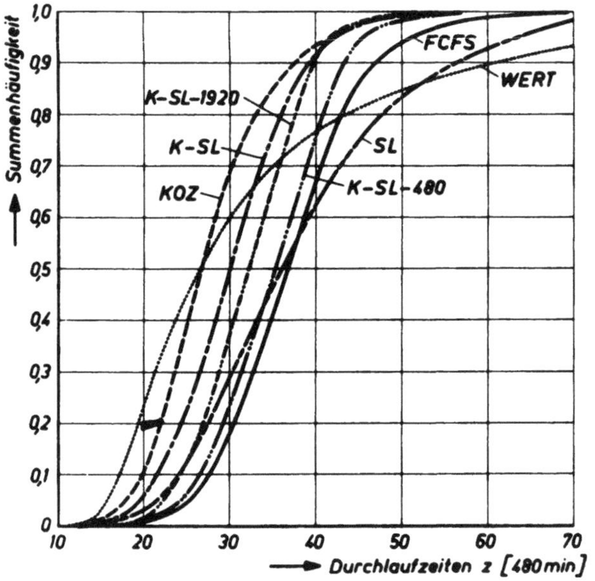

Abb. 5.23 Durchlaufzeitverteilungen
(Dispositionsverf. 4, Werkstattprinzip, η_{max} = 0,97)

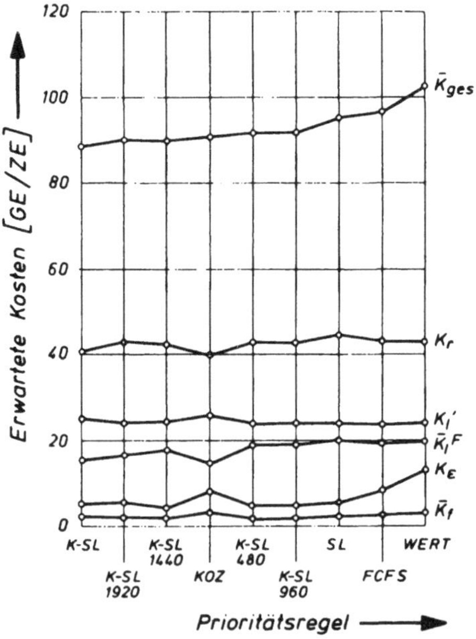

Abb. 5.24 Kostenstruktur
(Dispositionsverf. 4, Werkstattprinzip, η_{max} = 0,93)

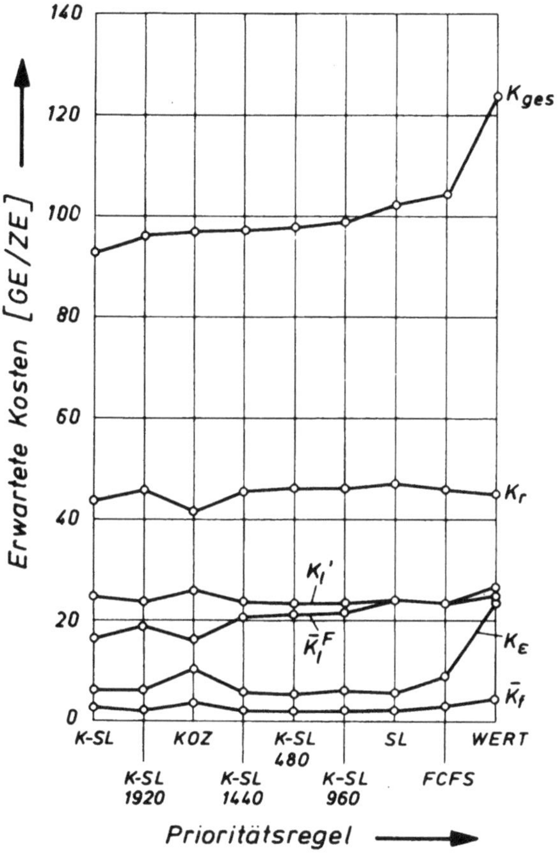

Abb. 5.25 Kostenstruktur
(Dispositionsverf. 4, Werkstattprinzip, $\eta_{max} = 0{,}97$)

5.4.4.3 Der Einfluß unterschiedlicher Fehlmengenkostensätze (Simulationen 93 bis 100)

Ein höherer Fehlmengenkostensatz bewirkt, daß unter dem Aspekt der Gesamtkostenminimierung höhere Sicherheitsbestände vorzusehen sind, um die Wahrscheinlichkeit für das Auftreten von Fehlmengen zu verringern (Erhöhung der Lieferbereitschaft). Anhand der durchgeführten acht Simulationsbeispiele (vgl. dazu Abb. 5.26 und 5.27) ist zu erkennen, daß die Veränderung des Fehlmengenkostensatzes im wesentlichen nur die Fehlmengen- und Sicherheitsbestandskosten beeinflußt. Dadurch ändert sich auch die Rangfolge der Prioritätsregeln. Die KOZ-Regel erfordert wegen der hohen Durchlaufzeitenstreuung die ver-

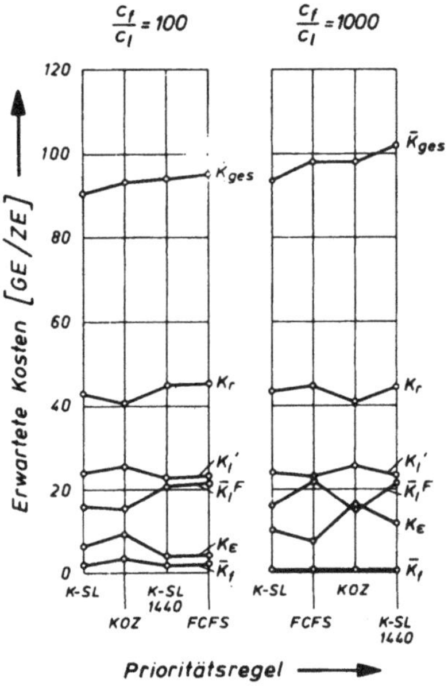

Abb. 5.26 Die Kostenstruktur bei verschiedenen Fehlmengenkostensätzen (Dispositionsverf. 4, Fließprinzip, $\eta = 0{,}9$)

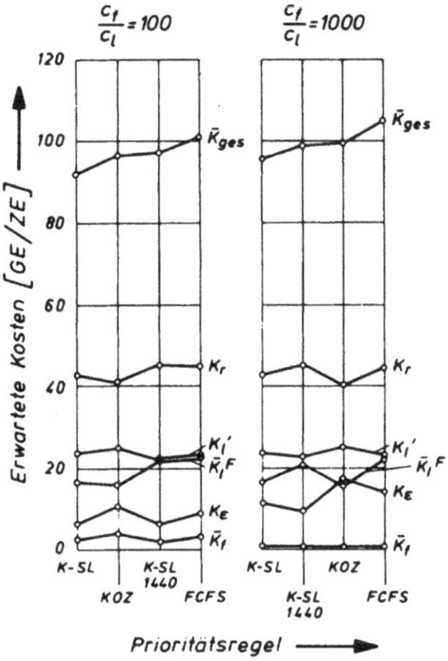

Abb. 5.27 Die Kostenstruktur bei verschiedenen Fehlmengenkostensätzen (Dispositionsverf. 4, Werkstattprinzip, $\eta = 0{,}9$)

gleichsweise höchsten Sicherheitsbestände. Ferner zeigt sich auch für c_f/c_l = 1000, daß die Wartezeitbeschränkung bei Fließfertigung einen ungünstigen, dagegen bei Werkstattfertigung einen günstigen Einfluß auf den Fertigungsablauf ausübt.

5.4.4.4 Der Einfluß unterschiedlicher Vorgabezeitstrukturen (Simulationen 101 bis 104)

Die Struktur der Vorgabezeiten wurde für einige Simulationsbeispiele geändert, vgl. Tab. 5 im Anhang. Die Wirkungsweise der Prioritätsregeln im Vergleich zueinander veränderte sich dabei nicht (vgl. Abb. 5.28 mit Abb. 5.18). Der Einfluß der Vorgabezeitstruktur wurde daher nicht weiter untersucht.

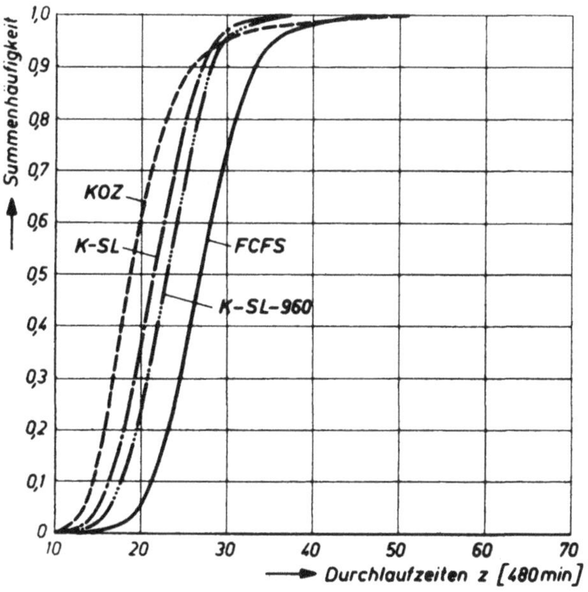

Abb. 5.28 Durchlaufzeitverteilungen
(Dispositionsverf. 4, Werkstattprinzip, η = 0,9 Vorgabezeitstruktur 2)

5.4.4.5 Simulationen mit unterschiedlichen Zufallszahlenfolgen (Simulationen 119 bis 124)

In den Simulationsbeispielen 119 bis 121 sowie 122 bis 124 wurden die Daten des Produktionsprogramms mit jeweils unterschiedlichen Zufallszahlenfolgen generiert. Die Simulationsergebnisse zeigen nur geringe Unterschiede im Vergleich zu den Beispielen 70 und 66.

5.4.5 Ergebnisse bei simultaner Losgrößen- und Bestellpunktrechnung mit dem stochastischen Modellansatz (Dispositionsverfahren 3) (Simulationen 105 bis 112)

Es wurden acht Beispiele simuliert, wobei im Vergleich zur separaten Losgrößen- und Bestellpunktrechnung nur geringe Unterschiede auftraten (vgl. die Durchlaufzeitverteilungen der Abbildungen 5.29 und 5.30 mit denen aus Abb. 5.18 und Abb. 5.23; siehe ferner die Abbildungen 5.31 und 5.32). Bei Anwendung der FCFS- und der KOZ-Regel ergibt sich eine besonders gute Übereinstimmung der separaten und der simultanen Losgrößen- und Bestellpunktrechnung. Die Durchlaufzeitverteilungen verschieben sich bei der simultanen Rechnung in einen etwas höheren Wertebereich, da die Lose größer dimensioniert werden, wie sich den Gleichungen (3.82) und (3.75) entnehmen läßt. Diese Wirkung ist auch aus dem Verlauf der Rüstkosten K_r und Lagerkosten K_l' in den Diagrammen der Kostenstruktur zu erkennen (Abb. 5.31 und 5.32). Die erwarteten Gesamtkosten hängen nur unwesentlich von den beiden Dispositionsverfahren ab. Ein besonderer Vorteil der simultanen Losgrößen- und Bestellpunktrechnung ist nicht erkennbar. Wegen des hohen Rechenaufwandes dieses Verfahrens wurden keine weiteren Untersuchungen durchgeführt.

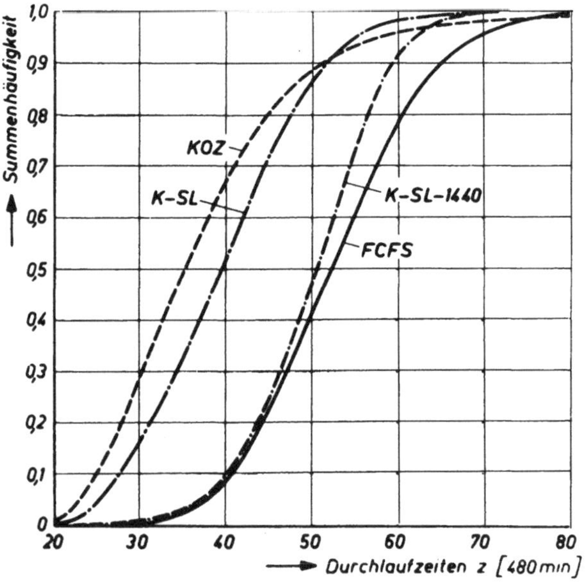

Abb. 5.29 Durchlaufzeitverteilungen
(Dispositionsverf. 3, Werkstattprinzip, η = 0,9)

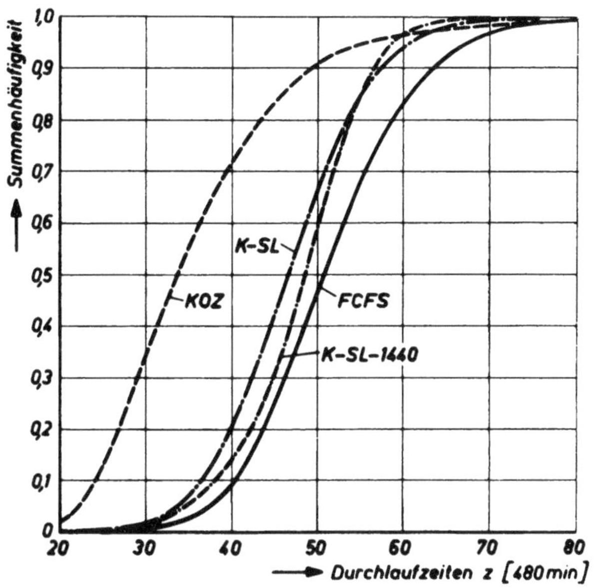

Abb. 5.30 Durchlaufzeitverteilungen
(Dispositionsverf. 3, Werkstattprinzip, $\eta_{max} = 0{,}97$)

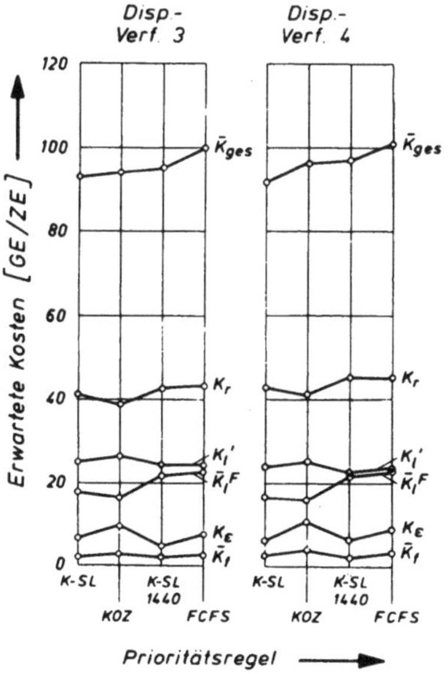

Abb. 5.31 Kostenstruktur
(Dispositionsverf. 3, Werkstattprinzip, $\eta = 0{,}9$)

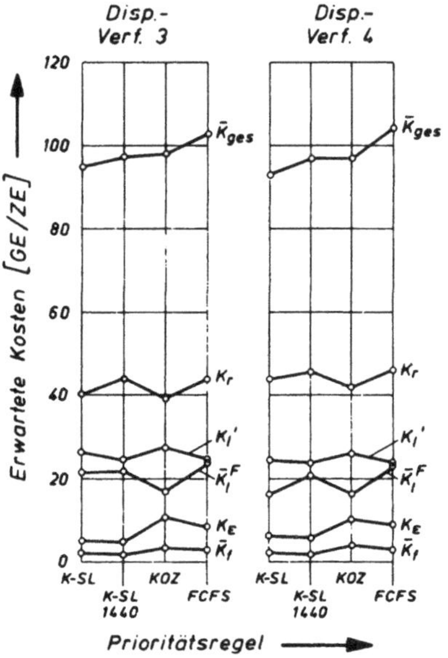

Abb. 5.32 Kostenstruktur
(Dispositionsverf. 3, Werkstattprinzip, $\eta_{max} = 0{,}97$)

Zusammenfassung

Die Lagerdisposition und die Fertigungsablaufplanung in gemeinsamer Behandlung als Teilprobleme der Prozeßplanung stellen eine Aufgabe von besonderer Komplexität dar. Für den allgemeinen Fall der mehrstufigen Fertigung sind nur wenige Modellansätze bekannt geworden, die jedoch nicht zu einer befriedigenden Lösung des Problems geführt haben.

In dieser Arbeit wird vorgeschlagen, das Dispositionsproblem analytisch auf der Grundlage von Kostenbetrachtungen zu lösen und das Reihenfolgeproblem der Ablaufplanung auf die Bestimmung geeigneter Prioritätsregeln zurückzuführen. Dadurch ergeben sich zwei Schwerpunkte der Untersuchungen. Einerseits werden in einer modelltheoretischen Analyse verschiedene Ansätze der Disposition entwickelt und ihre Eignung für ein integriertes Prozeßplanungsmodell diskutiert. Andererseits werden umfangreiche Simulationen durchgeführt, um die Wirkungsweise der Prioritätsregeln in Verbindung mit den Modellansätzen der Disposition zu testen.

Die Ergebnisse zeigen, daß die deterministischen Modellansätze, bei denen versucht wird, fertigungsablaufbedingte Wartezeiten durch Einführung von Pufferzeiten zu berücksichtigen, ein ungeeignetes Planungsverfahren darstellen. Dagegen sind die Resultate mit den stochastischen Modellansätzen recht ermutigend. Es gelingt, die Interdependenzen zwischen der Disposition und dem Fertigungsablauf in einfacher Weise zu berücksichtigen, so daß das Planungsverfahren auch einen erheblichen rechentechnischen Vorteil aufweist.

Die Simulationsergebnisse werden anhand von Durchlaufzeitverteilungen und Kostenstrukturdiagrammen dargestellt. Es zeigt sich deutlich, daß die Lagerhaltungspolitik von den Fertigungsbedingungen (Prioritätsregel, Kapazitätsauslastung) stark beeinflußt wird. Verallgemeinernde Aussagen über die Wirkungsweise der Prioritätsregeln in Verbindung mit analytischen Dispositionsverfahren erscheinen nicht möglich, da sich nicht abschätzen läßt, welcher Einfluß von der Struktur des untersuchten Werkstattmodells ausgeht. Hervorgehoben sei, daß die bisher bekannte Wirkungsweise der Prioritätsregeln im wesentlichen bestätigt wird.

Durch Einbeziehung der Durchlaufzeiten in das Dispositionsmodell können Lagerhaltungspolitiken bestimmt werden, die für die jeweils verwendete Prioritätsregel zumindest näherungsweise optimal sind. Die Beschränkung auf Prioritätsregeln zur Lösung des Reihenfolgeproblems schließt jedoch aus, die integrierte Problemstellung der Prozeßplanung optimal zu lösen. Die Frage, wie weit man sich mit dem vorgeschlagenen Planungsverfahren einer optimalen Lösung nähern kann, muß unbeantwortet bleiben, da es hierfür keine Anhaltspunkte gibt. Die mit den Ergebnissen angegebenen Kostenverhältnisse erlauben jedoch, die Effizienz des Verfahrens bis zu einem gewissen Grade zu beurteilen.

Literaturverzeichnis

Abkürzungen

IO	Industrielle Organisation, Schweizerische Zeitschrift für Betriebswirtschaft
JIE	Journal of Industrial Engineering
MS	Management Science
NRLQ	Naval Research Logistics Quarterly
OR	Operations Research
ORQ	Operational Research Quarterly

Bücher und Dissertationen

[1] *Adam, D.:* Produktionsplanung bei Sortenfertigung. Wiesbaden 1969.

[2] *Baker, C. T.* and *B. P. Dzielinski:* Simulation of a Simplified Job Shop. In: MS 6 (1960), S. 311ff.

[3] *Balas, E.:* Machine Sequencing via Disjunctive Graphs: An Implicit Enumeration Algorithm. In: OR 17 (1969), S. 941ff.

[4] *Balas, E.:* Machine Sequencing: Disjunctive Graphs and Degree-Constrained Subgraphs. In: NRLQ 17 (1970), S. 1ff.

[5] *Banbury, J.* and *J. Maitland:* Proceedings of the Second International Conference on Operational Research. London 1961.

[6] *Berr, U.* und *A. J. Papendieck:* Produktionsreihenfolgen und Losgrößen der Serienfertigung in einem Werkstattmodell. In: Werkstattstechnik 60 (1970) Nr. 4, S. 191ff.

[7] *Bomberger, E. E.:* A Dynamic Programming Approach to a Lot Size Scheduling Problem. In: MS 12 (1966), S. 778ff.

[8] *Bowman, E. H.:* The Schedule-Sequencing Problem. In: OR 7 (1959), S. 621ff.

[9] *Brankamp, K.:* Ein Terminplanungssystem für Unternehmen der Einzel- und Serienfertigung. Würzburg–Wien 1968.

[10] *Bussmann, K. F.* und *P. Mertens:* Operations Research und Datenverarbeitung bei der Produktionsplanung. Stuttgart 1968.

[11] *Churchman, C., R. Ackoff* und *E. Arnoff:* Operations Research. Wien und München 1961.

[12] *Collatz, L.* und *W. Wetterling:* Optimierungsaufgaben. Berlin–Heidelberg–New York 1966.

[13] *Conway, R. W.:* Some Tactical Problems in Digital Simulation. In: MS 10 (1963), S. 47ff.

[14] *Conway, R. W.:* An Experimental Investigation of Priority Assignment in a Job Shop. The Rand Corporation, Santa Monica, California, Memorandum RM-3789-Pr, 1964.

[15] *Conway, R. W., W. L. Maxwell* and *L. W. Miller:* Theory of Scheduling. Palo Alto 1967.

[16] *Dick, R.:* Zur Prozeßplanung der Fließfertigung. Diss. Köln 1966.

[17] *Dickhut, O.:* Zur Problematik der optimalen Fertigungsablaufplanung in der Einzel- und Kleinserienfertigung. Diss. TH Aachen 1966.

[18] *Dinkelbach, W.:* Zum Problem der Produktionsplanung in Ein- und Mehrprodukt-unternehmen. Würzburg–Wien 1964.

[19] *Dürr, K.:* Die Bemessung der Auflage in der Serienfabrikation. Bern 1952.

[20] *Eilon, S.:* Elements of Production Planning and Control. New York 1962.

[21] *Ellinger, Th.:* Ablaufplanung. Stuttgart 1959.

[22] *Fehr, E.:* Produktionsplanung und -steuerung mit elektronischer Datenverarbeitung. Bern–Stuttgart 1968.

[23] *Fendley, L. G.:* Toward the Development of a Complete Multiproject Scheduling System. In: JIE Vol. XIX (1968), S. 503ff.

[24] *Ferschl, F.:* Stochastische Modelle. In: [51, S. 105ff.]

[25] *Giffler, B.* and *G. L. Thompson:* Algorithms for Solving Production Scheduling Problems. In: OR 8 (1960) S. 487ff.

[26] *Giffler, B., G. L. Thompson* and *V. van Ness:* Numerical Experience with the Linear and Monte Carlo Algorithms for Solving Production Scheduling Problems. In: [56, S. 21ff.]

[27] *Gutenberg, E.:* Einführung in die Betriebswirtschaftslehre. Bd. 1: Die Produktion. 11. Aufl. 1965.

[28] *Gräßler, D.:* Der Einfluß von Auftragsdaten und Entscheidungsregeln auf die Ablaufplanung von Fertigungsstraßen. Diss. TH Aachen 1968.

[29] *Hadley, G.* and *T. M. Whitin:* Analysis of Inventory Systems. Englewood Cliffs 1963.

[30] *Hahn, R.* und *K. Roschmann:* Mathematische Methoden der Fertigungssteuerung. In: Werkstattstechnik (1966) Heft 2, S. 67ff.

[31] *Hanssmann, F.:* Operations Research in Production and Inventory Control. London–New York 1962.

[32] *Harris, R. D.:* An Empirical Investigation of a Jobshop as a Network of Queueing Systems. Diss. University of California, Los Angeles 1965.

[33] *Heller, J.* and *G. Logemann:* An Algorithm for the Construction and Evaluation of Feasible Schedules. In: MS 8 (1962), S. 168ff.

[34] *Hochstätter, D.:* Stochastische Lagerhaltungsmodelle. Berlin–Heidelberg–New York 1969.

[35] *Hochstätter, D.:* Neuere Entwicklungen der stochastischen Lagerhaltungstheorie. In: IO 39 (1970) Nr. 12, S. 507ff.

[36] *Hollier, R. H.:* A Simulation Study of Sequencing in Batch Production. In: ORQ 19 (1968), S. 389ff.

[37] *Hoss, K.:* Fertigungsablaufplanung mittels operationsanalytischer Methoden. Würzburg–Wien 1965.

[38] *Jackson, J. R.:* Networks of Waiting Lines. In: OR 5 (1957), S. 518ff.

[39] *Kaps, K.-H.:* Die Bedeutung der Lagerhaltung für die Produktionsplanung in Industriebetrieben. Diss. TH Aachen 1964.

[40] *Kern, W.:* Optimierungsverfahren in der Ablauforganisation. Essen 1967.

[41] *Kreyszig, E.:* Statistische Methoden und ihre Anwendungen. Göttingen 1968.

[42] *Le Grande, E.:* The Development of a Factory Simulation System Using Actual Operating Data. In: Management Technology 3 (1963), S. 1ff.

[43] *Little, J. D. C.:* A Proof of the Queuing Formula: $L = \lambda W$. In: OR 9 (1961), S. 383ff.

[44] *Madigan, J. G.:* Scheduling a Multi-Product Single Machine System for an Infinite Planning Period. In: MS 14 (1968), S. 713ff.

[45] *Magee, J. F.:* Production Planning and Inventory Control. New York 1958.

[46] *Manne, A. S.:* On the Job-Shop Scheduling Problem. In: OR 8 (1960), S. 219ff.

[47] *Marx, W.:* Absatzmengen- und Losgrößenbestimmung im Sortenbetrieb. Meisheim 1966.

[48] *Marx, W.:* Optimale Losgröße und betriebliche Realität. In: [10, S. 182ff.].

[49] *Maxwell, W. L.:* The Scheduling of Economic Lot Sizes. In: NRLQ 11 (1964), S. 89ff.

[50] *Mellerowicz, K.:* Betriebswirtschaftslehre der Industrie, Bd. 2. Freiburg 1958.

[51] *Menges, G.:* Beiträge zur Unternehmensforschung. Würzburg–Wien 1969.

[52] *Mertens, P.:* Simulation. Stuttgart 1969.

[53] *Müller-Merbach, H.:* Die Bestimmung optimaler Losgrößen bei Mehrproduktfertigung. Diss. Darmstadt 1962.

[54] *Müller-Merbach, H.:* Fertigungssteuerung mit optimalen Losgrößen. In: VDI-Berichte Nr. 101, Düsseldorf 1966, S. 59ff.

[55] *Müller-Merbach, H.:* Optimale Reihenfolgen. Berlin–Heidelberg–New York 1970.

[56] *Muth, J. F.* and *G. L. Thompson:* Industrial Scheduling. Englewood Cliffs 1963.

[57] *Naddor, E.:* Evaluation of Inventory Control. In: [5, S. 255ff.].

[58] *Naddor, E.:* Inventory Systems. New York–London–Sydney 1966.

[59] *N. N.:* DIN-Mitteilungen. Bd. 45 (1967), Heft 9.

[60] *N. N.:* Das Refa-Buch Bd. 2: Zeitvorgabe. München 1958.

[61] *Opitz, H.:* Moderne Produktionstechnik. Essen 1970.

[62] *Popp, W.:* Einführung in die Theorie der Lagerhaltung. Berlin–Heidelberg–New York 1968.

[63] *Rogers, J.:* A Computational Approach to the Economic Lot Size Scheduling Problem. In: MS 4 (1958), S. 264ff.

[64] *Rowe, A. J.:* Toward a Theory of Scheduling. In: JIE XI (1960), S. 1ff.

[65] *Saaty, Th. L.:* Elements of Queueing Theory with Applications. New York–Toronto–London 1961.

[66] *Sasieni, M., A. Yaspan* und *L. Friedman:* Methoden und Probleme der Unternehmensforschung. Würzburg 1962.

[67] *Schneeweiss, H.:* Monte-Carlo-Methoden. In: [51, S. 129ff.].

[68] *Schlüter, H.:* Untersuchungen zum Problem der optimalen Losgröße. Diss. Frankfurt 1958.

[69] *Stommel, H. J.:* Entwicklung des Terminplanungssystems Dylamit und Untersuchungen über den Zusammenhang zwischen Grob- und Feinterminplanung. Diss. TH Aachen 1970.

[70] *Wagner, H. M.:* An Integer Linear-Programming Model for Machine Scheduling. In: NRLQ 6 (1959), S. 131ff.

[71] *Wilbrecht, J.* and *W. Prescott:* The Influence of Setup Time on Job Shop Performance. In: MS 16 (1969), S. 274ff.

[72] *Wilrich, P. Th.:* Das Zeitverhalten offener exponentieller Warteschlangensysteme mit einer oder mehreren parallelen Bedienungsstationen und unendlich vielen Warteplätzen. Diss. TH Aachen 1967.

Anhang

Verzeichnis der mehrfach verwendeten Symbole

Indizes: i Index der Fertigungsstufe
j Index der Produktart
k Index der Maschinengruppe
ν Index der Realisation des Fertigungsprozesses

Mathematische Symbole:
$\forall$ Jedes Element aus
$\in$ Element der Menge

		Definition auf Seite
a_{ij}	Rüstzeit	32
a_j	Rüstzeitensumme	32
A_j	Rüstkostensumme	32
b_{ij}	Operationszeit in Stufe i	33
b_j	Operationszeit, summiert über alle Stufen	33
$B_{l_j}^F(t)$	Bewerteter Zwischenlagerbestand	34
$B_{l_j}^L(t)$	Bewerteter Endlagerbestand	34
$B_{f_j}(t)$	Bewertete Fehlmenge	34
c_{l_j}	Lagerkostensatz	33
c_{f_j}	Fehlmengenkostensatz	33
K_{ges_j}	Gesamtkosten	34
K_{r_j}	Rüstkosten	34
$K_{l_j}^F$	Zwischenlagerkosten	34
$K_{l_j}^L$	Endlagerkosten	34
K_{f_j}	Fehlmengenkosten	34
m	Anzahl der Fertigungsstufen	32
m_{ij}	Belastungsart	80
n	Anzahl der Produktarten	32
p_j	Produktionsrate	34
P_i	Ankunftswahrscheinlichkeit	85
P_{ij}	Übergangswahrscheinlichkeit	85

		Definition auf Seite
q_j	Losgröße	33
r_j	Nachfragerate	32
s_j	Bestellniveau	33
S_j	Maximalbestand	33
SL_{ij}	Schlupfzeit	78
T	Länge des Planungszeitraums	32
u_j	Auflegungsabstand	33
v_{ij}	Ausführungszeit, Stückzeit	32
v_j	Summe der Stückzeiten	32
V_{ij}	Vorgangspriorität	78
w_{oj}	prop. Werkstoffkosten	33
w_{ij}	prop. Fertigungsstückkosten in Stufe i	33
$\overline{w}_{ij}$	aufgelaufene prop. Fertigungsstückkosten bis einschließlich Stufe i	39
w_j	prop. Stückkosten des Fertigproduktes	33
w_{zul}	zul. Wartezeit eines Vorgangs	79
y_j	Auflegungshäufigkeit	33
Y	Zyklushäufigkeit	33
z_{ij}	Durchlaufzeit durch Stufe i	34
z_j	Durchlaufzeit über alle Stufen summiert	34
z_{u_j}	Vorlaufzeit	59

Tabelle 1: Verzeichnis der Ansätze für das Dispositionsmodell[1]

	Lfd. Nr.	Dispositionsverfahren	Besondere Modellvoraussetzungen	Bestimmungsgleichungen für eine (näherungsweise) optimale Lagerhaltungspolitik
Deterministische Modellansätze	1	Fertigung mit individuellen Zyklen	Vollständiger Kapazitätsausgleich aufgrund von Pufferzeiten	$q_o = \sqrt{\frac{2\,A\,r}{c_l w \left[\frac{c_f}{c_l + c_f} + \frac{r}{p}\right]}}$ $p = q/z_{min}$ $s_o = rz_{min}$
	2	Strenger Fertigungszyklus		Y_o entspr. Gleichung (3.54) $\left.\begin{array}{l} q_{o_j} = r_j/Y_o \\ s_{o_j} = r_j z_{min_j} \end{array}\right\} j = 1, \ldots, n$
Stochastische Modellansätze	3	Simultane Losgrößen- und Bestellpunktrechnung	vgl. S. 67	Algorithmus S. 71f.
	4	Separate Losgrößen- und Bestellpunktrechnung	wie bei 3 zusätzlich $c_f/c_l \gg 1$	Algorithmus S. 74

Tabelle 2: Verzeichnis der Prioritätsregeln

Nr.	Abkürzung	Kriterium der Prioritätszuweisung	Definition[2]
1	FCFS	First come first served	entfällt
2	KOZ	Kürzeste Operationszeit	$V_{ij} = b_{ij}$
3	SL	slack-time	$V_{ij} = SL_{ij}$
4	LOZ	Längste Operationszeit	$V_{ij} = 1/b_{ij}$
5	WERT	Endwert des Loses	$V_{ij} = q_j\, w_j$
6	K-SL	KOZ oder slack-time	$V_{ij} = \begin{cases} b_{ij} & ; SL_{ij} \geq 0 \\ SL_{ij}; & SL_{ij} < 0 \end{cases}$
7 8 9 10	K-SL- 480 K-SL- 960 K-SK-1440 K-SL-1920	KOZ oder slack-time oder Verweildauer in der Warteschlange	$V_{ij}\,(w_{zul})$[3]; $w_{zul} = \begin{cases} 480 \\ 960 \\ 1440 \\ 1920 \end{cases}$

[1] Daneben stellen die Gleichungen (3.82) und (3.83) eine optimale Lagerhaltungspolitik für den mehrstufigen Mehrproduktfall dar, wenn die Modellvoraussetzungen (vgl. S. 67) streng erfüllt sind.

[2] Vgl. S. 78f. [3] Vgl. S. 79

Tabelle 3: Situationen der Kapazitätsauslastung

Lfd. Nr.	Abkürzung in den Ergebnistabellen	Kapazitätsauslastung	η bzw. η_{max}
1 2 3	70 – G 80 – G 90 – G	gleiche Stufen-auslastung η [1]	$\eta = \begin{cases} 0{,}7 \\ 0{,}8 \\ 0{,}9 \end{cases}$
4 5	93 – M 97 – M	verschiedene Stufen-auslastung mit dem Maximalwert η_{max} (Engpaß)	$\eta_{max} = \begin{cases} 0{,}93 \\ 0{,}97 \end{cases}$

G = „gleich"
M = „maximal"

Tabelle 4: Fertigungsprinzipien

Lfd. Nr.	Kurzzeichen in den Ergebnistabellen	Maschinenfolgen (routing)
1	F ≙ „flow shop"	Identische Maschinenfolge aller Produkte
2	J ≙ „job shop"	Produktindividuelle Maschinenfolgen

Tabelle 5: Vorgabezeitstrukturen

Lfd. Nr.	Gleichverteilte Nachfrageraten im Intervall [ME/ZE]	Negativ exponentiell verteilte Vorgabezeiten mit den Mittelwerten der Rüstzeiten [min]	Ausführungszeiten [min]
1	[1250, 3500]	15	0,6
2	[200, 500]	3	2

Tabelle 6: Datenkonstellationen (in den Ergebnistabellen unter „DK" angegeben)

„DK"	Datenkonstellation	
1 2	Vorgabezeitstruktur 1 Vorgabezeitstruktur 2	ursprünglicher Anfangswert der Zufallszahlenfolge
3 4 5	Vorgabezeitstruktur 1 Vorgabezeitstruktur 1 Vorgabezeitstruktur 1	jeweils veränderte Anfangswerte der Zufallszahlenfolge

[1] Die gleiche Kapazitätsauslastung der Stufen wird durch kapazitive Anpassung erreicht, vgl. Abschnitt 4.1.1. Bei Normalkapazität (480 min je Tag) werden die Auslastungsgrade von 0,93 und 0,97 durch Veränderung der Nachfrageraten erreicht.

Lfd. Nr. der Sim.	Problemstruktur: Systemvariable: Disp.-verf.	Prioritäts-regel	Δt [min]	Datenstruktur: FP/DK	Last	Kenngrößen des Fertigungsablaufs: Durchlaufzeiten μ [480']	Durchlaufzeiten σ [480']	Arbeitsvorrat des Systems μ [480']	Arbeitsvorrat des Systems σ [480']	Lose im System $\bar{N}$	Lose im System N_{max}	Erwartete Kosten [GE/480']: Rüstkosten K_r	Lagerkosten $\bar{K}_l^F+\bar{K}_l^L$	Fehlmengenkosten $\bar{K}_f$	Gesamtkosten $\bar{K}_{ges}$	Kostenverhältnisse: $\bar{K}_{ges}/K_{th_1}$	$\bar{K}_{ges}/K_{th_2}$
1	4	FCFS	480	F/1	.70-G	29.0	5.68	2.40	2.43	18.2	33	39.42	42.49	3.01	84.92	1.23	1.18
2	4	KOZ	480	F/1	.70-G	22.6	5.54	2.24	2.22	12.0	20	37.36	40.27	2.57	80.20	1.16	1.11
3	4	SL	480	F/1	.70-G	29.9	13.04	2.45	2.50	18.9	30	39.94	42.64	2.49	84.47	1.22	1.16
4	4	LOZ	480	F/1	.70-G	43.3	21.98	2.57	2.92	34.0	64	42.53	58.79	4.23	105.55	1.53	1.43
5	4	WERT	480	F/1	.70-G	26.7	13.00	2.34	2.39	15.6	26	38.72	45.21	2.48	86.41	1.25	1.19
6	4	K-SL	480	F/1	.70-G	24.4	5.52	2.36	2.40	13.7	25	38.20	40.81	2.07	81.08	1.18	1.13
7	4	K-SL-480	480	F/1	.70-G	28.8	5.69	2.51	2.62	17.6	36	38.71	42.65	2.81	84.17	1.22	1.17
8	4	K-SL-960	480	F/1	.70-G	27.7	6.02	2.48	2.60	16.4	29	38.07	43.03	2.63	83.74	1.21	1.16
9	4	K-SL-1440	480	F/1	.70-G	25.2	5.60	2.32	2.35	14.5	29	38.31	41.54	2.55	82.39	1.19	1.14
10	4	K-SL-1920	480	F/1	.70-G	25.5	6.14	2.40	2.49	14.7	28	38.39	42.19	2.44	83.03	1.20	1.15
11	4	FCFS	480	F/1	.80-G	37.8	6.28	3.10	2.70	26.0	40	41.36	45.61	2.52	89.49	1.30	1.23
12	4	KOZ	480	F/1	.80-G	29.0	7.76	3.01	2.67	15.5	24	38.75	45.55	3.48	87.77	1.27	1.21
13	4	SL	480	F/1	.80-G	42.1	17.94	3.29	2.92	31.1	43	41.94	45.76	1.99	89.69	1.30	1.22
14	4	WERT	480	F/1	.80-G	35.3	22.82	3.18	2.97	22.3	33	40.38	53.78	3.42	97.58	1.41	1.34
15	4	K-SL	480	F/1	.80-G	29.8	6.89	2.93	2.57	17.1	34	40.08	43.19	2.57	85.84	1.24	1.18
16	4	K-SL-480	480	F/1	.80-G	37.5	6.39	3.21	2.81	25.2	39	40.87	45.86	2.28	89.01	1.29	1.22
17	4	K-SL-960	480	F/1	.80-G	36.1	7.24	3.21	2.85	24.2	42	41.50	47.06	2.83	91.39	1.32	1.25
18	4	K-SL-1440	480	F/1	.80-G	35.3	8.25	3.23	2.87	23.2	45	41.19	49.50	3.41	94.10	1.36	1.29
19	4	K-SL-1920	480	F/1	.80-G	33.3	9.39	3.15	2.82	21.5	49	41.30	51.51	4.16	96.97	1.41	1.33
20	4	FCFS	480	F/1	.90-G	49.8	5.53	4.02	2.77	38.8	52	45.02	48.18	2.01	95.21	1.37	1.28
21	4	KOZ	480	F/1	.90-G	34.0	9.66	3.92	2.71	20.0	29	40.49	49.62	3.14	93.25	1.35	1.28
22	4	SL	480	F/1	.90-G	55.7	23.99	4.29	2.98	47.2	67	46.70	50.35	2.83	99.87	1.44	1.32
23	4	WERT	480	F/1	.90-G	50.3	44.64	4.55	3.40	37.0	49	44.90	71.50	3.57	119.98	1.74	1.60
24	4	K-SL	480	F/1	.90-G	35.0	8.58	3.88	2.67	22.7	34	42.79	45.87	1.91	90.58	1.31	1.23
25	4	K-SL-480	480	F/1	.90-G	54.0	5.68	4.48	3.08	42.0	61	44.87	50.70	2.12	97.69	1.45	1.31
26	4	K-SL-960	480	F/1	.90-G	47.3	5.79	4.13	2.85	36.2	49	45.08	47.33	1.60	94.00	1.36	1.26
27	4	K-SL-1440	480	F/1	.90-G	46.4	6.49	4.23	2.98	35.0	51	44.74	47.74	1.76	93.83	1.35	1.26
28	4	K-SL-1920	480	F/1	.90-G	46.5	7.52	4.34	3.05	34.5	45	44.71	48.71	1.80	95.22	1.37	1.28
29	4	FCFS	480	F/1	.93-M	44.5	5.25	3.64	2.87	33.8	48	44.23	46.20	1.86	92.30	1.34	1.25
30	4	KOZ	480	F/1	.93-M	31.2	8.84	3.52	2.72	18.0	29	39.67	47.10	3.06	89.83	1.30	1.24
31	4	SL	480	F/1	.93-M	49.4	23.04	3.88	3.10	39.9	56	44.67	47.78	1.90	94.35	1.37	1.26
32	4	WERT	480	F/1	.93-M	41.7	31.96	3.66	2.99	28.3	40	42.46	57.80	3.57	103.83	1.50	1.41
33	4	K-SL	480	F/1	.93-M	31.5	8.28	3.44	2.79	20.1	37	42.43	44.71	2.43	89.57	1.30	1.22
34	4	K-SL-480	480	F/1	.93-M	44.8	5.64	3.84	3.08	33.2	47	43.40	47.07	2.10	92.57	1.34	1.26
35	4	K-SL-960	480	F/1	.93-M	42.5	5.40	3.78	2.91	31.2	43	43.72	45.24	1.68	90.64	1.31	1.23
36	4	K-SL-1440	480	F/1	.93-M	42.0	6.29	3.89	3.07	30.9	47	43.72	45.79	1.82	91.32	1.32	1.24
37	4	K-SL-1920	480	F/1	.93-M	38.8	6.69	3.75	2.98	28.4	40	44.32	44.76	1.84	90.92	1.32	1.23

FP ≙ Fertigungsprinzip DK ≙ Datenkonstellation

Lfd. Nr. der Sim.	Problemstruktur: Systemvariable: Disp.-verf.	Prioritäts-regel	Δt [min]	Datenstruktur: FP/DK	Last	Kenngrößen des Fertigungsablaufs: Durchlaufzeiten μ [480']	Durchlaufzeiten σ [480']	Arbeitsvorrat des Systems μ [480']	Arbeitsvorrat des Systems σ [480']	Lose im System $\bar{N}$	Lose im System N_{max}	Erwartete Kosten [GE/480']: Rüstkosten K_r	Lagerkosten $\bar{K}_l^F + \bar{K}_l^L$	Fehlm.-kosten $\bar{K}_f$	Gesamtkosten $\bar{K}_{ges}$	Kostenverhältnisse: $\frac{\bar{K}_{ges}}{K_{th_1}}$	$\frac{\bar{K}_{ges}}{K_{th_2}}$
38	4	FCFS	480	F/1	.97-M	52.6	5.11	4.56	3.24	43.5	55	46.90	50.77	2.08	99.75	1.40	1.29
39	4	KOZ	480	F/1	.97-M	34.0	15.16	4.27	2.95	20.8	29	41.60	51.25	3.12	96.17	1.35	1.28
40	4	SL	480	F/1	.97-M	59.5	29.58	4.87	3.61	51.3	68	46.94	53.73	1.95	102.63	1.44	1.32
41	4	WERT	480	F/1	.97-M	50.4	50.82	4.79	3.65	39.3	58	46.16	84.39	3.57	134.12	1.89	1.73
42	4	K-SL	480	F/1	.97-M	36.9	8.98	4.44	3.13	25.2	34	44.31	47.23	1.87	93.42	1.31	1.23
43	4	K-SL-480	480	F/1	.97-M	51.4	5.06	4.60	3.34	41.7	54	46.74	50.27	2.29	99.30	1.39	1.29
44	4	K-SL-960	480	F/1	.97-M	51.1	5.03	4.58	3.32	41.6	52	46.68	50.31	2.26	99.25	1.38	1.28
45	4	K-SL-1440	480	F/1	.97-M	51.1	6.00	4.87	3.66	41.7	54	47.11	50.47	1.86	99.43	1.40	1.29
46	4	K-SL-1920	480	F/1	.97-M	46.7	7.31	4.69	3.35	38.0	51	47.00	49.58	1.87	98.44	1.39	1.28
47	4	FCFS	480	J/1	.70-G	29.9	6.47	2.54	2.66	18.7	30	39.58	45.39	2.53	87.49	1.23	1.18
48	4	KOZ	480	J/1	.70-G	23.6	5.57	2.50	2.57	12.9	23	38.26	42.38	2.45	83.09	1.17	1.12
49	4	SL	480	J/1	.70-G	28.5	6.75	2.43	2.47	17.7	27	39.77	43.38	2.18	85.33	1.20	1.15
50	4	LOZ	480	J/1	.70-G	39.5	13.52	2.45	2.51	29.0	41	41.81	58.21	4.42	104.44	1.51	1.43
51	4	WERT	480	J/1	.70-G	27.7	12.16	2.32	2.32	16.1	28	38.89	45.74	2.97	87.60	1.27	1.21
52	4	K-SL	480	J/1	.70-G	24.7	5.17	2.47	2.51	14.0	25	39.10	41.55	2.05	82.70	1.17	1.12
53	4	K-SL-480	480	J/1	.70-G	27.4	5.49	2.48	2.53	16.5	27	39.44	42.79	2.04	84.27	1.19	1.14
54	4	K-SL-960	480	J/1	.70-G	25.9	5.17	2.43	2.51	15.3	26	39.55	41.92	2.07	83.55	1.18	1.13
55	4	K-SL-1440	480	J/1	.70-G	26.4	5.32	2.50	2.56	15.5	26	39.33	42.52	1.90	83.75	1.18	1.13
56	4	K-SL-1920	480	J/1	.70-G	24.7	5.03	2.43	2.47	14.2	24	39.33	41.24	1.81	82.38	1.16	1.11
57	4	FCFS	480	J/1	.80-G	37.5	7.62	3.16	2.78	25.7	36	42.30	49.62	3.18	95.11	1.34	1.27
58	4	KOZ	480	J/1	.80-G	28.1	7.04	3.15	2.77	16.0	26	39.92	45.49	2.94	88.35	1.25	1.19
59	4	SL	480	J/1	.80-G	38.5	12.14	3.15	2.77	27.4	37	42.76	47.64	2.38	92.78	1.31	1.23
60	4	WERT	480	J/1	.80-G	37.2	21.89	3.18	2.82	23.3	35	40.91	55.58	3.34	99.83	1.45	1.37
61	4	K-SL	480	J/1	.80-G	30.9	6.74	3.24	2.86	18.8	29	40.78	45.13	2.21	88.11	1.24	1.18
62	4	K-SL-480	480	J/1	.80-G	35.6	6.56	3.16	2.76	24.1	34	42.37	46.16	1.96	90.49	1.28	1.21
63	4	K-SL-960	480	J/1	.80-G	34.5	6.54	3.16	2.79	22.7	34	41.77	45.57	2.06	89.40	1.26	1.19
64	4	K-SL-1440	480	J/1	.80-G	33.5	6.66	3.18	2.82	21.8	33	41.72	45.39	2.01	89.12	1.26	1.19
65	4	K-SL-1920	480	J/1	.80-G	32.8	6.06	3.22	2.83	20.9	30	41.26	44.58	1.69	87.53	1.23	1.17
66	4	FCFS	480	J/1	.90-G	51.9	8.99	4.16	2.95	39.5	55	44.60	54.15	2.91	101.66	1.47	1.37
67	4	KOZ	480	J/1	.90-G	35.9	10.77	4.19	2.97	21.4	33	41.02	51.38	3.96	96.36	1.40	1.33
68	4	SL	480	J/1	.90-G	58.4	23.95	4.38	3.27	48.4	59	45.90	52.96	2.07	100.93	1.46	1.34
69	4	WERT	480	J/1	.90-G	53.1	44.88	4.76	3.60	39.4	57	44.80	73.34	3.58	121.73	1.76	1.63
70	4	K-SL	480	J/1	.90-G	37.8	9.03	4.13	2.90	24.6	35	42.58	46.79	2.26	91.63	1.33	1.25
71	4	K-SL-480	480	J/1	.90-G	51.2	7.86	4.24	3.00	39.9	51	45.55	50.20	1.72	97.46	1.41	1.31
72	4	K-SL-960	480	J/1	.90-G	48.5	7.50	4.12	2.91	36.5	47	44.97	48.96	1.78	95.71	1.39	1.29
73	4	K-SL-1440	480	J/1	.90-G	49.0	8.34	4.33	3.10	37.6	50	45.15	49.90	1.99	97.03	1.41	1.31
74	4	K-SL-1920	480	J/1	.90-G	44.9	8.17	4.12	2.98	32.9	44	44.07	48.62	1.78	94.46	1.37	1.28

FP ≙ Fertigungsprinzip   DK ≙ Datenkonstellation

Lfd. Nr. der Sim.	Problemstruktur					Kenngrößen des Fertigungsablaufs						Erwartete Kosten				Kostenverhältnisse	
	Systemvariable			Datenstruktur		Durchlaufzeiten		Arbeitsvorrat des Systems		Lose im System		Rüstkosten	Lagerkosten	Fehlm.-kosten	Gesamtkosten		
	Disp.-verf.	Prioritätsregel	Δt [min]	FP/DK	Last	μ [480']	σ [480']	μ [480']	σ [480']	$\bar{N}$	N_{max}	K_r	$\bar{K}_l^F+\bar{K}_l^L$	$\bar{K}_f$	$\bar{K}_{ges}$	$\frac{\bar{K}_{ges}}{K_{th_1}}$	$\frac{\bar{K}_{ges}}{K_{th_2}}$
												[GE/480']					
75	4	FCFS	480	J/1	.93-M	44.8	8.41	3.61	2.93	32.1	43	42.70	51.13	2.66	96.49	1.40	1.31
76	4	KOZ	480	J/1	.93-M	32.9	9.49	3.74	3.02	19.1	32	39.83	47.92	3.02	90.77	1.32	1.25
77	4	SL	480	J/1	.93-M	47.4	17.62	3.72	3.09	36.4	45	44.15	48.96	2.02	95.13	1.38	1.28
78	4	WERT	480	J/1	.93-M	42.0	26.77	3.62	3.04	28.6	42	42.64	56.71	2.24	102.59	1.49	1.39
79	4	K-SL	480	J/1	.93-M	34.8	7.96	3.66	2.96	21.5	34	40.92	45.26	2.28	88.46	1.28	1.22
80	4	K-SL-480	480	J/1	.93-M	42.9	6.89	3.62	2.96	30.3	41	42.76	47.11	1.75	91.62	1.33	1.25
81	4	K-SL-960	480	J/1	.93-M	42.8	7.24	3.70	3.03	30.1	41	42.65	47.25	1.91	91.82	1.33	1.25
82	4	K-SL-1440	480	J/1	.93-M	40.9	6.97	3.65	3.01	28.1	38	42.13	46.12	1.85	90.10	1.31	1.23
83	4	K-SL-1920	480	J/1	.93-M	37.4	7.44	3.55	2.84	25.3	38	42.65	45.40	1.88	89.99	1.30	1.23
84	4	FCFS	480	J/1	.97-M	50.9	8.74	4.31	3.14	39.9	52	45.86	55.48	2.81	104.15	1.47	1.37
85	4	KOZ	480	J/1	.97-M	35.0	10.31	4.33	3.15	21.5	29	41.56	51.93	3.41	96.89	1.37	1.30
86	4	SL	480	J/1	.97-M	55.1	20.64	4.54	3.51	46.1	57	46.70	53.19	2.37	102.26	1.44	1.32
87	4	WERT	480	J/1	.97-M	50.7	44.77	4.78	3.89	37.6	49	45.09	74.80	4.28	124.17	1.75	1.63
88	4	K-SL	480	J/1	.97-M	35.1	8.43	4.14	2.91	23.4	33	43.83	46.76	2.15	92.74	1.31	1.23
89	4	K-SL-480	480	J/1	.97-M	46.6	7.15	4.11	3.00	36.3	48	46.17	49.77	1.90	97.84	1.38	1.28
90	4	K-SL-960	480	J/1	.97-M	47.2	7.68	4.29	3.19	36.8	51	46.01	50.78	2.02	98.80	1.39	1.29
91	4	K-SL-1440	480	J/1	.97-M	45.1	7.86	4.25	3.18	34.4	46	45.54	49.72	1.83	97.09	1.37	1.27
92	4	K-SL-1920	480	J/1	.97-M	41.2	7.90	4.04	2.93	30.7	43	45.80	48.39	1.99	96.18	1.36	1.26
93	4	FCFS	480	F/1	.90-G	50.0	5.10	4.08	2.87	38.4	50	44.55	52.39	.68	97.61	1.40	1.31
94	4	KOZ	480	F/1	.90-G	33.8	9.49	3.88	2.67	19.9	28	40.65	56.31	.71	97.67	1.40	1.34
95	4	K-SL	480	F/1	.90-G	34.9	8.62	3.92	2.68	22.7	37	43.01	49.94	.67	93.62	1.35	1.27
96	4	K-SL-1440	480	F/1	.90-G	48.4	7.42	4.34	3.01	36.3	55	44.28	56.40	.79	101.46	1.46	1.37
97	4	FCFS	480	J/1	.90-G	51.3	8.70	4.06	2.83	39.2	55	44.79	59.00	.78	104.57	1.51	1.41
98	4	KOZ	480	J/1	.90-G	35.8	10.52	4.23	3.06	21.4	34	40.55	57.96	.85	99.36	1.44	1.37
99	4	K-SL	480	J/1	.90-G	37.3	8.93	4.18	2.98	24.4	35	42.89	51.52	.68	95.09	1.37	1.30
100	4	K-SL-1440	480	J/1	.90-G	47.7	7.75	4.23	2.97	36.0	48	44.79	52.92	.67	98.38	1.42	1.33
101	4	FCFS	480	J/2	.90-G	27.9	4.74	2.67	1.71	41.6	58	27.89	33.39	2.00	63.28	1.51	1.34
102	4	KOZ	480	J/2	.90-G	20.3	5.05	2.70	1.75	27.4	37	25.35	30.93	2.42	58.71	1.40	1.27
103	4	K-SL	480	J/2	.90-G	22.3	4.22	2.74	1.77	31.6	43	25.79	29.04	1.47	56.30	1.34	1.22
104	4	K-SL-960	480	J/2	.90-G	23.6	4.01	2.69	1.72	36.4	49	27.11	29.24	1.25	57.60	1.37	1.23

FP ≙ Fertigungsprinzip DK ≙ Datenkonstellation

Lfd. Nr. der Sim.	Problemstruktur					Kenngrößen des Fertigungsablaufs						Erwartete Kosten				Kostenverhältnisse	
	Systemvariable			Datenstruktur		Durchlaufzeiten		Arbeitsvorrat des Systems		Lose im System		Rüstkosten	Lagerkosten	Fehlm.-kosten	Gesamtkosten		
	Disp.-verf.	Prioritätsregel	Δt [min]	FP/DK	Last	μ [480']	σ [480']	μ [480']	σ [480']	$\bar{N}$	N_{max}	K_r [GE/480']	$\bar{K}_l^F+\bar{K}_l^L$ [GE/480']	$\bar{K}_f$ [GE/480']	$\bar{K}_{ges}$ [GE/480']	$\bar{K}_{ges}/K_{th_1}$	$\bar{K}_{ges}/K_{th_2}$
105	3	FCFS	480	J/1	.90-G	53.1	9.59	4.25	3.03	39.0	51	43.56	54.21	2.56	99.83	1.45	1.36
106	3	KOZ	480	J/1	.90-G	37.3	10.50	4.36	3.15	20.9	30	38.50	52.46	2.99	93.94	1.36	1.30
107	3	K-SL	480	J/1	.90-G	40.3	9.11	4.42	3.25	25.3	39	40.91	49.31	2.32	92.54	1.34	1.27
108	3	K-SL-1440	480	J/1	.90-G	50.5	7.55	4.39	3.24	36.0	47	42.38	50.57	2.05	94.99	1.39	1.30
109	3	FCFS	480	J/1	.97-M	51.9	9.08	4.37	3.22	38.7	50	43.79	56.37	2.65	102.81	1.45	1.36
110	3	KOZ	480	J/1	.97-M	36.0	10.71	4.45	3.33	20.6	29	39.21	54.40	4.19	97.80	1.38	1.32
111	3	K-SL	480	J/1	.97-M	47.2	8.14	4.67	3.57	31.0	41	40.24	52.66	2.13	95.03	1.34	1.28
112	3	K-SL-1440	480	J/1	.97-M	48.4	7.41	4.44	3.30	35.3	45	43.63	51.44	2.00	97.07	1.37	1.29
113	4	FCFS	480	J/1	.90-G	51.3	8.94	4.09	2.91	39.3	50	45.01	53.91	3.02	101.94	1.48	1.37
114	4	KOZ	480	J/1	.90-G	35.6	10.84	4.12	2.99	21.2	34	40.98	51.42	3.98	96.38	1.40	1.33
115	4	K-SL	480	J/1	.90-G	37.2	9.05	4.19	2.96	24.2	33	42.81	46.60	2.20	91.61	1.33	1.25
116	4	FCFS	480	J/1	.90-G	51.6	9.03	4.21	2.89	39.9	54	44.57	54.28	2.93	101.78	1.47	1.37
117	4	KOZ	480	J/1	.90-G	35.8	10.81	4.21	2.94	21.5	33	41.05	51.31	3.95	96.31	1.40	1.33
118	4	K-SL	480	J/1	.90-G	37.6	9.04	4.19	2.95	24.3	33	42.66	46.73	2.23	91.62	1.33	1.25
119	4	K-SL	480	J/3	.90-G	36.8	8.52	4.10	2.87	23.8	34	42.80	46.21	2.13	91.14	1.31	1.23
120	4	K-SL	480	J/4	.90-G	37.9	9.09	4.14	2.97	25.6	38	41.91	46.86	2.10	90.87	1.34	1.26
121	4	K-SL	480	J/5	.90-G	38.2	9.07	4.20	2.98	24.9	34	42.42	46.11	2.06	90.60	1.31	1.24
122	4	FCFS	480	J/3	.90-G	51.8	8.59	4.18	2.91	40.1	51	45.74	54.37	3.07	103.18	1.48	1.37
123	4	FCFS	480	J/4	.90-G	51.7	8.75	4.14	2.97	41.0	53	43.96	54.11	2.85	100.91	1.48	1.38
124	4	FCFS	480	J/5	.90-G	52.2	9.09	4.15	2.96	40.3	52	44.91	54.92	3.62	103.45	1.50	1.39

FP ≙ Fertigungsprinzip DK ≙ Datenkonstellation

Bei Fragen zur Produktsicherheit wenden Sie sich bitte an:
If you have any questions regarding product safety,
please contact:

Walter de Gruyter GmbH
Genthiner Straße 13
10785 Berlin
productsafety@degruyterbrill.com